Der neue Garten für intelligente Faule

Garteln im Takt der Natur

Karl Ploberger

Der neue Garten für intelligente Faule

Garteln im Takt der Natur

Foto: fotolia.de/Stefan Körber

av BUCH

Inhaltsverzeichnis

Foto: Wimmer

Legende

Tipps für besonders „Faule“

Tipps für besonders „Intelligente“

Das neue „Faulenzergarteln“!

Seit das erste Exemplar des Buches „Der Garten für intelligente Faule“ erschienen ist, sind mehr als zehn Jahre ins Land gezogen. Was hat sich seither verändert? Vieles!

Immer mehr Menschen lieben wieder den Garten: Junge wie Ältere – sie suchen Oasen zum Krafttanken. Der eigene Garten ist so ein Platz, der Energie gibt. In vielfacher Hinsicht: Energie in Form von gesundem Gemüse, Obst und Kräutern, aber auch Energie durchs Garteln selbst, denn es ist ein hervorragender Ausgleich zum Alltag. Das alles soll auch Spaß machen: „Der Garten für intelligente Faule“ gibt die notwendigen Tipps und verrät Tricks, wie man das ganz private grüne Paradies so gestaltet, dass es möglichst wenig Mühe bereitet.

Die Überarbeitung des Bestsellers trägt nun den Titel: „Der neue Garten für intelligente Faule“. Die Kapitel wurden mit den Erfahrungen der letzten Jahre sowohl inhaltlich überarbeitet als auch mit neuen Fotos aktualisiert.
Neu hinzugekommen ist das Kapitel: „Garteln im Takt der Natur“. Nicht der Kalender gibt nun vor, was zu tun ist, sondern ganz bestimmte Zeigerpflanzen sagen uns, welche Arbeiten zu erledigen sind. Auch das macht das Gartenleben leichter – getreu der ersten Stunde meines Gartendaseins: „Mit der Natur und nicht dagegen!“

Und da war ich nie allein: Schon der von mir hochgeschätzte Potsdamer Staudengärtner Karl Foerster sprach immer „von einem Garten mit Stauden, der ein Garten für intelligente Faule ist“. Ihm sei Dank für das Fundament, das er gelegt hat! Er gilt für mich nach wie vor als geistiger Vater dieser Bewegung.

Garteln Sie fröhlich weiter, genießen Sie Ihr grünes Paradies; ich wünsche Ihnen dazu:

Viel Spaß beim Garteln!

Karl Ploberger

Kontakt und viele Infos unter:
www.biogaertner.at

Foto: www.neumayr.cc

Foto: www.verlagsbuero-garten.at

7 Schritte

zum etwas anderen Garten!

Fast allen geht es so: Man betritt einen Garten und nach wenigen Minuten hat man sich ein Bild gemacht. Dann ist man überzeugt: Dieser Garten ist ein großes Stück Arbeit! Oder: Hier hat schon lange niemand mehr für Ordnung gesorgt! Oft bin auch ich gefragt worden, wer unseren 2 500 m² großen Garten pflegt. Gemeinsam mit meiner Frau haben wir alles bis vor einigen Jahren selbst gemacht. Wir pflasterten, pflanzten, mähten und beseitigten Wildkräuter.
Es war weniger Arbeit, als alle vermuteten.

Dennoch hat sich in den letzten Jahren einiges geändert: Ich bin zwar nach wie vor im Garten – aber nicht in meinem eigenen, sondern sehr oft in einem, der Kulisse für meine TV-Sendungen ist. So bleibt leider zu wenig Zeit für den eigenen Garten und meine Schwägerin hilft von Zeit zu Zeit.

Dennoch wäre es ohne die richtige Gestaltung, Auswahl und Kombination der Pflanzen, sanfte Düngung, den Umgang mit dem Boden, das Bodenbedecken und vor allem das sanfte Bekämpfen von Schädlingen und Krankheiten unmöglich, diesen großen Garten mit relativ geringem Aufwand zu pflegen.

Foto: fotolia.de/Marina L[illegible]bach

Mit der Natur und nicht gegen die Natur

... ist die Devise. 7 Beispiele und 7 Schritte zum Erfolg:

- Ein natürliches Biotop – oder bleiben wir lieber beim Wort Teich –, wo weder Teichfilter noch Algenbekämpfungsmittel, weder Seerosendünger noch Insektenkiller verwendet werden, hat glasklares Wasser, weil die Natur der „Gärtner" war. Also:
  Schritt 1: Faul sein lohnt sich – Garten naturgemäß anlegen!

- Die nach wie vor beliebteste Gartenpflanze der Welt – die Rose. Ein Gewächs, das es gern sonnig, aber luftig hat. Doch wo werden Rosen meist gepflanzt? Unter einem Baum oder direkt vor der knallheißen Hauswand wird die Rose immer krank sein: Es ist der falsche Standort. Daher:
  Schritt 2: Die richtige Pflanze am richtigen Standort.

- Das Leben auf der Erde ist ein Kreislauf. Nichts bleibt in der Natur ungenützt – alles wird wiederverwertet. Der intelligente Gärtner macht sich das zum Vorbild und kompostiert – nicht mit viel Aufwand, denn die richtige Mischung macht es aus, dass rasch nach Walderde riechender Humus entsteht.
  Schritt 3: Humus aus Kompost, der die Pflanzen gesund hält.

- Ein Spaziergang im Wald zeigt es am besten: Ohne Umstechen, Gießen und Jäten entsteht hier Erde, von der Gärtner träumen: locker, weich, feucht! Warum? Die Natur bedeckt den Boden mit Blättern, kleinen Ästen, Nadeln oder auch Moos. Und genau deshalb beschließt der intelligente Faule ...
  Schritt 4: Es gibt in Zukunft keine unbedeckte, keine nackte Erde.

- Für viele Naturliebhaber ist die Blumenwiese das bunteste Beet – gepflanzt nicht nach den Ideen von so manchem Gärtner, der wahrscheinlich Glockenblumen, Margeriten und Kuckucksnelken eher in Reih und Glied gepflanzt hätte – „damit es ordentlich aussieht"!
  Schritt 5: Die Natur sagt, die bunte Mischung ist es, die Pflanzen gesund erhält.

- Wie manche Gärtner mit ihrem Boden umgehen! Man wundert sich wirklich, dass hier noch etwas gedeiht: Zuerst der Bagger, der den Boden verdichtet. Dann jahrelang ungeschützte Erdhaufen und schließlich das Verteilen – wieder mit einem schweren Baugerät. „Treten wir den Boden – die Lebensschicht auf unserer Erde – nicht mit Füßen" und machen wir es uns bequem:
  Schritt 6: Kein Umstechen, sondern intelligentes Bodenlockern.

- Schädlinge und Krankheiten: Schnecken beim Salat, Wühlmäuse im Obstgarten, Sternrußtau an den Rosen ... da soll man nicht die Nerven verlieren! Also her mit der Chemie? Nein, die Natur heilt selbst, wenn man ihr hilft. Daher sanft vorgehen. Auch wenn es manchmal schwerfällt ...
  Schritt 7: Ohne chemische Keule vorzugehen ist besonders wichtig.

Auf natürliche Weise entsteht nicht von heute auf morgen, nicht mit dem scheinbaren Erfolg eines rasch wirkenden Gifts oder eines künstlichen Düngers, ein Garten, der wirklich als Oase der Natur bezeichnet werden kann. Es wird Rückschläge und Zweifel geben, aber langfristig entsteht ein viel bewundertes Stückchen Erde – eben ein Garten für den intelligenten Faulen.

Foto: fotolia.de/Butch

Gut geplant ...

ist halb gearbeitet!

Foto: fotolia.de/K.-U. Häßler

Zeit für Planung

ist gut angelegt

Gartenplanung – kein Problem! Da ein paar Sträucher beim Baumarkt kaufen, dort ein Paar Säcke Rindenmulch erstehen, den Rasensamen aus dem Supermarkt mitnehmen, und ein paar Samentüten packen wir auch noch ein, damit es im Garten üppig blüht!

Es ist kaum zu glauben, wie manche Gärten entstehen. Häuser werden oft jahrelang geplant, jeder Zimmergrundriss maßstabsgetreu gezeichnet und immer und immer wieder umgeplant. Der Garten hingegen entsteht meist nebenbei durch Zufall.

Gärten aber sind das grüne Wohnzimmer, was die Planung hier besonders wichtig macht. Es gibt zwei Möglichkeiten: entweder man zieht einen Experten zurate – also einen Gartenarchitekten oder Landschaftsgärtner – oder man greift selbst zu Papier und Bleistift.

Bücher, Kataloge und Zeitschriften liefern die erste Inspiration und sind die Grundlagen für die geschickte Planung eines Gartens in Eigenregie. Überaus hilfreich ist auch der interessierte Blick über den Gartenzaun.

Besuchen Sie Gärten, denn dann ist hautnah zu spüren, wie ein Garten gestaltet werden kann. Adressen erhält man über Gartenbauvereine, aus Büchern und natürlich aus der großen Vielfalt an Garten- und Wohnzeitschriften.

Gehen Sie von einem geringen Zeitbudget aus, das für Ihren Garten zur Verfügung steht, denn das Interesse sollte von selbst wachsen. Überfordert Sie Ihr Garten schon von Beginn an, werden Sie keine Liebe zu ihm entwickeln.

Foto: www.neumayr.cc

So entsteht der Garten für intelligente Faule

10 goldene Regeln für die Gartengestaltung

1 Planung
Beginnen Sie rechtzeitig mit der Wunschsammlung.

2 Arbeitskraft
Überschätzen Sie nicht Ihre Arbeitskraft und die Zeit, die Sie „garteln“ wollen.

3 Natur
Wählen Sie die Natur als Vorbild: Teiche immer an der tiefsten Stelle, Bäume, Sträucher und Stauden in der Höhe abstimmen.

4 Gartenräume
Schaffen Sie durch Sträucher, Mauern „grüne“ Räume – das macht kleine Gärten größer und große Gärten überschaubarer.

5 Sitzplätze
Legen Sie mehrere Sitzplätze an. Einen in der Sonne (für kühlere Tage) und einen im Schatten (für die Hundstage). Oder: einen an der Ostseite des Hauses, wo gefrühstückt wird, und einen an der Westseite für die Abendstunden.

6 Wege
Wege sollten nicht bloß „verbinden“, sondern auch zum Entdecken einladen.

7 Baustoffe
Beschränken Sie sich auf wenige Baustoffe. Steine, Ziegel, aber auch Holz dürfen nicht dominieren, sondern sollten die Wirkung der Pflanzen hervorheben.

8 Hausbaum
Ein Hausbaum gibt einem Wohnhaus Geborgenheit und Schutz – seit alters. Beachten Sie aber auch die Wuchshöhen.

9 „Kinder“-Garten
Vergessen Sie nicht Ihre Kinder – geben Sie ihnen Flächen zum Austoben und Entdecken.

10 Genussgarten
Planen Sie Obst- und Beerengehölze ein. Die machen kaum Arbeit, bieten aber viel Genuss.

Ein Garten entsteht

Foto: www.verlagsbuero-garten.at

Nicht übereilen und Fachrat einholen, lautet die Devise.
Dann entsteht gut geplant ein zauberhafter Garten für intelligente Faule.

Die Gestaltung eines Gartens sollte idealerweise mit der Planung des Hauses beginnen. Oder noch besser: Bevor die ersten Entscheidungen über die Form des Wohnhauses gefallen sind, sollten die Hauptzüge des Außenbereiches fixiert werden: Wo liegt der Teich? Wo ein Bachlauf? Wohin kommen die Blumenbeete? Benötigen Sie einen Sichtschutz zu einer Straße oder zum Nachbargrundstück? An welchen Stellen sind die Sitzplätze am schönsten? Gibt es Sonnen- und Schattenstellen? Wird ein Gemüsegarten angelegt? Ist noch Platz für eine Obstwiese? Wo können die Kinder spielen? Bleibt Platz für eine Blumenwiese?

Für viele Gartenneulinge sind solche Fragen oft schwer zu beantworten, und so manches wird gar nicht bedacht. Wer unerfahren in der Pflege eines Gartens ist, sollte hier unbedingt den Rat von Fachleuten einholen: Landschaftsgärtner und Gartenarchitekten sind sicherlich günstiger als so manche nachträgliche Behebung eines Fehlers, die teuer werden kann. Und manches lässt sich später überhaupt nicht mehr ausgleichen. Nicht unterschätzen sollten Sie aber auch die Ratschläge von erfahrenen Gärtnern und Hausbesitzern. Verlassen Sie sich einerseits auf die „Bequemen", die den Garten eher als Belastung sehen, doch ziehen Sie auch die Ratschläge von echten „Freaks" heran, denn langjährige Erfahrung zeigt: So mancher Nichtgärtner wird plötzlich zum Vollblutprofi, wenn er das „Garteln" erst entdeckt hat.

Die ersten Entscheidungen

Jeder Garten benötigt eine Umzäunung. Bei kleineren Gärten wird das ein Zaun mit einer geschnittenen Hecke sein. Das bedeutet jedoch zumindest ein- bis zweimal pro Jahr sehr viel Aufwand für den Formschnitt.

Bei größeren Gärten sollte man dagegen als Begrenzung eine Wild- und Blütensträucherhecke wählen. Sie benötigt eine Breite von rund zwei bis vier Metern und wird je nach Pflanzenauswahl im Laufe der Jahre bis zu drei, vier Meter hoch.

Der Vorteil für den „intelligenten Gärtner": Der Schnitt reduziert sich auf ein Minimum. Lediglich einige wenige Äste werden pro Jahr abgeschnitten, um beispielweise angrenzende Wege oder Beete frei zu halten.

Ansonsten dürfen die Gehölze wachsen und werden nach spätestens zehn Jahren „auf den Stock gesetzt". Das heißt: Geeignete Sträucher werden im Spätwinter bis knapp über dem Boden abgeschnitten. Sie treiben dann kräftig durch und bilden schon nach einem Jahr wieder eine rund zwei Meter hohe Begrenzung.

Sollten es die Umstände erfordern, kann natürlich aus Sicht- oder Lärmschutzgründen die Wildsträucherhecke nur um einen Teil zurückgeschnitten werden.

Foto: fotolia.de/Carola Vahldiek

Ein Wildstrauch mit zarter Zierde und viel Nutzen: Die Felsenbirne blüht im Frühjahr und schmückt sich im Herbst mit dunkelvioletten Früchten und leuchtend orangefarbigen Blättern.

Foto: www.verlagsbuero-garten.at

Zäune sollen Gärten nicht zum „grünen Gefängnis" machen: „Nicht der Zaun prägt einen Garten, sondern die Blumen, die darin blühen."

Der Weg ist das Ziel

Es gibt Gärten, die nur noch aus Hecke, Rasen und einigen mächtig betonierten Wegen und Terrassen bestehen, die mehrmals jährlich dampfgestrahlt werden. Natürlich will auch der intelligente Gärtner sein Stück Grün nicht ungepflegt erscheinen lassen. Doch die Natur sollte auch bei der Gestaltung der befestigten Flächen einbezogen werden. Sand oder Kies statt Beton lautet die Devise: Der Wegbelag, möglichst Naturstein, wird in einem Sandbett verlegt. So leisten Sie einen zwar kleinen, aber doch nicht unbedeutenden Beitrag, die Versiegelung der Landschaft zu verhindern. Ein scheinbar geringfügiger Schritt, doch wenn man bedenkt, wie viele Hunderttausende Quadratmeter an Gartenwegen zusammenkommen!

Ärger mit dem „Un"kraut kann es bei Ihnen als „intelligentem Gärtner" nicht geben: Es gibt zahlreiche Pflanzen, die sich in schmalen Pflasterritzen wohlfühlen: Felsennelke, Sternmoos, im Randbereich vielleicht sogar Vexiernelken oder als Blickfang eine Königskerze. Sie werden es nach einiger Zeit beobachten: Das Leben auf, neben und selbst unter dem Weg ist vielfältig. Das Pflaster hält die Verdunstung gering, wodurch selbst direkt angrenzende Blumenbeete bei längerer Trockenheit profitieren, da eben die Pflanzenwurzeln dorthin wachsen, wo der Boden feucht ist. Wären die Wege betoniert, würden die direkt angrenzenden Gewächse schon nach einigen Tagen der Hitze ihre Blätter hängen lassen.

Foto: fotolia.de/contrastwerkstatt

Verlegen Sie die Wege in Sand oder Kies, versiegelte Flächen müssen im Garten nicht sein.

Foto: www.verlagsbuero-garten.at

Plätze und Wege aus alten Ziegeln haben einen eigenen Charme.

Wasser ist nicht nur zum Waschen da

Kein Garten ohne Biotop, lautet die Devise! Alljährlich pilgern Horden von Gartenbesitzern im Frühjahr in die Gärtnereien und Gartencenter und kaufen Teichfolien, Plastikfelsen und Goldfische. Damit schaffen sie sich ihren Traum-Miniwassergarten. Natürlich wird dann auch nicht die japanisch angehauchte Bogenbrücke, der Wasser speiende Frosch, ein angelnder Gartenzwerg und die aus Kunststein gegossene Meerjungfrau vergessen. Und selbstverständlich kommt (für Papa …) die umfassende Technik dazu: Filteranlagen, UV-Entkeimer, Kescher, Pumpen und so weiter …

Angelegt wird der Teich an der tiefsten Stelle – dort, wo auch in freier Natur das Wasser zusammenfließen würde (Details siehe „Wasser im Garten“). Als Dichtungsmaterial wird Folie verwendet. Rundherum kommt allerdings keine Gesteinswüste, sondern bei flachen Ufern darf die Natur bis ans Wasser heran.

Teiche sind zwar Plätze, um die Seele baumeln zu lassen, aber ganz eigennützig sind wir nicht: Frosch, Kröte, Ringelnatter und viele andere Tiere suchen (ohne Zukauf!) nach kurzer Zeit diese Wasserstelle auf und möchten sie auch irgendwann wieder verlassen. Daher die flachen, naturnahen Ufer. Und wer schon auf einen Springbrunnen nicht verzichten kann, der sollte lieber niedrige als zu hohe Fontänen wählen, keinesfalls jedoch in der Nähe von Seerosen, denn heftig bewegtes Wasser bekommt diesen Pflanzen nicht.

Kleine Springbrunnen

Sie beleben nicht nur das Wasser, sondern sorgen auch für ein beruhigendes Geräusch. Ohne großen Aufwand lässt sich ein Springbrunnen mit Solarzellen installieren – so muss keine Stromleitung verlegt werden.

Nur Geduld

Wasserflächen benötigen wenig Pflege – vergessen Sie alle Algenmittel und haben Sie Geduld!
Einmal angelegt, bleibt der Teich über Jahre so, wie er ist. Verzichten Sie auf zu viele Steine, sie sind schwer zu transportieren. Setzen Sie die Pflanzen bis knapp an den Wasserrand, das erleichtert das Anlegen und ist naturnah.

Teiche schaffen Ruhe.

Wasser lockt Tiere an, Libellen zum Beispiel – Beschaulichkeit für gestresste Manager und Managerinnen.

Durch Teiche entsteht ein angenehmes Kleinklima.

Foto: www.verlagsbuero-garten.at

Wasser im Garten schafft Plätze zum Seele-baumeln-lassen. Hier lässt sich „Natur pur“ beobachten!

Und noch etwas zur Gestaltung

Schaffen Sie in Ihrem Garten Räume: Große Gärten werden dadurch kleiner, kleine Gärten wirken dagegen größer. Räume zu schaffen heißt, große Flächen zu unterteilen: durch Sträucher, Hecken, Mauern oder Blumenbeete. Ein Garten sollte niemals von einer Stelle aus überblickt werden können. Räume machen Gärten romantisch und interessant, laden Besucher und Besitzer zum Umherspazieren und Entdecken ein. Vergessen Sie aber nicht, Blickachsen zu schaffen. Wenn das Rundherum beim Garten nicht stimmt, weil beispielsweise Straßen oder Nachbarhäuser sehr nahe vorbeiführen, dann muss man im Garten Blickpunkte und Blickachsen schaffen: durch Wege, Brunnen oder Statuen.

Selbst in kleineren Gärten sollte ein traditionelles Gestaltungselement nicht fehlen: der Hausbaum. Bei großen Besitzungen kann dies eine Linde oder Eiche sein, aber selbst im kleinen Reihenhausgarten ist Platz für einen Baum: Schlank wachsende Gehölze oder solche, die immer wieder in Form gebracht werden können, sollten Sie dafür wählen. Als blühende Variante könnten beispielsweise Felsenbirne, Zierkirsche oder Magnolie zum Hausbaum werden.

Lassen Sie sich von der Fülle der Ideen für die Gartenplanung, die Sie und Ihre Mitplaner vielleicht haben, nicht entmutigen. Gehen Sie die Sache langsam an. Nur wer Spaß am Garten hat und sich Zeit lässt, wird die Gestaltung auch zu einem guten Ende bringen. Daher ist es ratsam, lieber jedes Jahr einen Gartenteil („Gartenraum“) zu errichten. Zu beachten ist nur, dass alle generellen Strukturen, wie Strom- und Wasserleitungen sowie Hauptwege gleich zu Beginn abgeschlossen worden sind.

Foto: www.verlagsbuero-garten.at

Wer im Garten Räume schafft und einen Hausbaum pflanzt, wird sich wohlfühlen.

7 Schritte zum perfekten Plan

1. Gartenplanung beginnt mit der Hausplanung – also rechtzeitig! Verwenden Sie Millimeterpapier, so ist der Maßstab am leichtesten einzuhalten (1 cm = 1 m). Setzen Sie einfache Symbole für alle Elemente des Gartens.

2. Zeichnen Sie als Erstes die Umrisse ein. Norden sollte am Papier immer oben sein, so erkennen Sie die Sonnen- und Schattenseiten. Zeichnen Sie auch dominierende Details außerhalb des Grundstücks ein: Hausmauern von Nachbarhäusern, große Bäume, Straßen.

3. Alle unveränderlichen Teile des Gartens, wie Gartentore, Zufahrten und natürlich die bereits fertiggestellten oder fix geplanten Gebäude (Garagen, Gartenhäuschen) werden im Plan eingetragen. Das gilt auch für Bäume oder Gehölze, von denen man annimmt, dass sie bei der Planung integriert werden können. Noch passiert nichts, wenn der eine oder andere „alte" Baum zuerst weggelassen wird und dann doch im Garten bleiben soll, es genügt ein Federstrich und er ist wieder da.

4. Als Nächstes werden die Hauptelemente des Gartens eingezeichnet, also ein Teich, ein Bachlauf, eine Blumenwiese, der Gemüsegarten. Danach kommen die Blumenbeete und möglicherweise notwendige Mauern (Trockenmauern), um abfallendes Gelände abzustützen.

5. Wege schaffen Verbindungen. Oftmals ist aber der kerzengerade Gartenweg langweilig. Rund um einen Strauch, vorbei an einem Sitzplatz, ein sanfter Übergang vom Plattenweg in einen Kiesweg, einen Rindenmulchpfad und schließlich in einen Rasenweg – da kommt keine Langeweile auf.

6. Selbst kleine Gärten „vertragen" Bäume – wenn sie richtig ausgewählt wurden. Beachten Sie jedoch die Größe der Bäume in 10–15 Jahren und zeichnen Sie diese ein.

7. Blumenbeete sind der letzte Teil der Planung. Versuchen Sie immer, den Garten in seiner Gesamtheit zu betrachten. Vergessen Sie also nicht, Bäume und Sträucher als lebende Kulisse für ein Staudenbeet einzuplanen. Fertigen Sie für solche Beete Pläne für jede Jahreszeit an. Im Frühjahr dominieren Zwiebelblumen, im Sommer Stauden, im Herbst sind es vielleicht Ziergräser.

Foto: www.verlagsbuero-garten.at

Arbeitssparer Trockenmauer

Ob bei der Terrasse oder als Befestigung für ein Hanggrundstück: Trockenmauern sind Elemente, mit denen auf sehr einfache Art und Weise ein Stück Natur in den Garten geholt werden kann. Steine aufeinanderschichten – nur das eigene Gewicht der Steine hält die Mauer. Trotzdem kommt man beim Bau einer solchen Steinmauer ganz schön ins Schwitzen. Im Vergleich zu einer Stahlbetonwand jedoch ist der Aufwand gering.

Fantastisch an einer solchen Trockenmauer: Innerhalb kürzester Zeit wird dieses Stück Natur nicht nur von Pflänzen sondern auch von einer Vielzahl an Tieren besiedelt. Viele davon sind Nützlinge, die uns zum Beispiel bei der Bekämpfung der Schnecken helfen. Ist eine Trockenmauer erst einmal errichtet, macht sie kaum Mühe. Freilich nur dann, wenn bei der Auswahl auf die Einheit zwischen Boden, Gesteinsart und Pflanzen geachtet wird.

So entsteht die Trockenmauer

Auf ein gut verdichtetes Schotterfundament werden Natursteine so aufgelegt, dass in den Fugen Platz für ein Sand-Erd-Gemisch bleibt. Als Mischung ist ein Verhältnis von zwei Teilen Sand und einem Teil Lehm ideal. Hinterfüllt wird die Mauer mit grobem Schotter oder Ziegelschutt. Diese Dränageschicht ist einerseits für die Stabilität der Mauer wichtig, andererseits bieten die hier entstehenden Hohlräume vielen Tieren Unterschlupf.

Foto: www.verlagsbuero-garten.at

Trockenmauern sind wahre Naturoasen.

Pflanzen für die Trockenmauer

Niedrige Arten (ca. 5–10 cm)
Fetthenne, Gänsekresse, Gelber Lerchensporn, Glockenblumen, Hauswurz, Heidenelke, Hungerblümchen, Moossteinbrech, Scharfer Mauerpfeffer, Silberdistel, Thymianarten, Zimbelkraut

Höhere Arten (ca. 20–40 cm)
Dost, Ehrenpreis, Küchenschelle, Natternkopf, Skabiosen, Flockenblume

Steine
Wählen Sie unterschiedlich große Steine, allerdings von einer Gesteinsart.

Erde
Vermischen Sie normale Gartenerde zur Hälfte mit Sand und Kies.

Pflanzen
Setzen Sie trockenheitsliebende Pflanzen, die je nach Standort der Mauer Sonne oder Halbschatten vorziehen.

Fertig!
Im ersten Jahr wird eine Trockenmauer noch nicht ihre volle Pracht zeigen – Sie sollten zwei, drei Jahre Geduld haben.

Die Fugen, die immer versetzt angelegt werden, sind einerseits mit dem Sand-Erd-Gemisch zu füllen, andererseits sofort zu bepflanzen. Besorgen Sie sich deshalb für die Trockenmauer gleich beim Errichten die passenden Pflanzen (siehe Liste) und fügen Sie die Wurzelballen in das Bauwerk ein. Damit sind die Pflanzen gut verankert. Keinesfalls sollten Sie überschwänglich blühende Standardpolsterstauden verwenden – sie würden den natürlichen Charakter stören, intensive Pflege benötigen (z. B. häufiges Gießen) und damit gerade das Gegenteil eines bequemen Gartens bewirken.

Trockenmauer ohne Hang

Das Biotop Trockenmauer bleibt nicht nur dem Gartenbesitzer vorbehalten, der ein Hanggrundstück oder eine höher gelegene Terrasse besitzt. Steinmauern lassen sich auch im flachen Gelände anlegen, beispielsweise als Trennung zwischen zwei Gartenbereichen. Diese Mauern sollten mindestens 80–100 cm breit sein. An den beiden Außenseiten werden die Steine aufgeschichtet wie bei einer Trockenmauer üblich. Aufgefüllt wird dieses Hochbeet der besonderen Art mit lockerem, durchlässigem Material.

Die Bewohner der Trockenmauer

Es ist erstaunlich, wie rasch die Natur eine Trockenmauer in Besitz nimmt. Je nach ihrer Lage (Sonne oder Schatten) und dem verwendeten Material (Kalk, Granit, Sandstein oder auch Holzteile) werden sich nach und nach Kröten, Molche, Spitzmäuse, Igel, Laufkäfer, Hummeln und Wildbienen einnisten. Sie sind die Helfer in einem Garten für intelligente Faule und sorgen dafür, dass Schädlinge nicht überhandnehmen.

Die ideale Mauer

Trockenmauern sollten normalerweise nicht höher als 120–150 cm sein und mit einer Neigung von 10–20 Prozent zum Hang hin errichtet werden. Damit ist gute Stabilität gegeben. Nur mit sehr großen Steinen lassen sich höhere Mauern errichten. Dafür benötigt man aber unbedingt schweres Gerät und die Hilfe erfahrener Experten.

Arbeitssparer
Hecke & Co

Schön und nützlich zugleich – das ist das Motto im Garten für den „intelligenten Faulen". Daher sind die geschnittenen Hecken im monotonen Thujen-Grün keine passende Gartenumzäunung. Vor allem in den etwas größeren Gärten ist es „intelligent", Wild- und Blütensträucher frei wachsen zu lassen. Für den Menschen sind die Gehölze ein Sicht- oder Lärmschutz, für die Tiere, in den meisten Fällen sind es Nützlinge, ist die Hecke dagegen als Nahrungs- und Lebensraum wichtig.

Nicht zu vergessen ist natürlich die äußerst dekorative Wirkung einer solchen Wildsträucherhecke: Die unterschiedlichen Blattfärbungen, die zarten Blüten, der Beerenschmuck im Herbst und die interessante Struktur der Rinde machen eine solche Gartenbegrenzung zu einem Zierelement für ein ganzes Gartenjahr.

Sträucher für die „wilde" Hecke

Deutzie, Eberesche, Felsenbirne, Feuerdorn, Flieder, Forsythie, Goldregen, Hainbuche, Hartriegel, Haselnuss, Heckenkirsche, Holunder, Hundsrose, Pfaffenhütchen, Pfeifenstrauch, Ranunkelstrauch, Sanddorn, Schlehe, Schneeball, Traubenkirsche, Vogelkirsche, Weigelie, Weißdorn, Wildrosen, Zierquitte

Foto: Ploberger

Wild und blütenreich: eine heimische Wildsträucherhecke mit Narzissen zu Füßen und einem Rasen, der sich im Frühjahr mit Wiesenschaumkraut schmückt.

Eine ganz „wilde“ Hecke …

Im Garten für intelligente Faule ergänzt sich das Nützliche mit dem Schönen: Singvögel nisten in den bedornten Ästen von Sanddorn und Schlehe und sind damit vor einer Attacke durch Katzen geschützt, gleichzeitig gibt es Nahrung in Hülle und Fülle: Früchte von Felsenbirne, Heckenkirsche oder im späteren Sommer vom Holunder.

Aber nicht nur die Früchte sind eine Attraktion für die Singvögel. In jedem Garten gibt es zu bestimmten Zeiten einen voll gedeckten Tisch. Beispielsweise die lästigen Blattläuse, von denen man oft meint, sie seien nur durch Chemie zu bekämpfen. Im „intelligenten Garten“ erledigen das die nützlichen Helfer aus der Wildsträucherhecke. Ob an Rosen oder Obstbäumen, an Geißblatt oder Fuchsie, überall suchen die gefiederten Freunde nach Nahrung.

Und um bei den Schädlingen zu bleiben: Im Unterholz der Wildsträucherhecke bleibt das Laub liegen, denn dort fühlen sich Laufkäfer so richtig zu Hause. Diese Tierchen wiederum haben Schnecken „zum Fressen gern“. Freilich muss in Bezug auf die schleimigen Gäste offen gesagt werden, dass der Laufkäfer allein nicht viel ausrichtet. Selbst gemeinsames Vorgehen von Laufkäfern, Igel, Blindschleichen und Kröten kommt einer Schneckenplage nicht bei.

Foto: fotolia.de/K.-U. Häßler

Wildsträucher bieten Meisen und anderen heimischen Vögeln ein gutes Quartier und im Herbst Nahrung.

Pflanztipp für intelligente Faule

Bäume und Sträucher sind beim Pflanzen meist sehr klein und werden von hohem Gras überwachsen. Mulchen Sie daher zuerst mit einer 5–10 cm dicken Schicht Kompost, darauf legen Sie festen Karton und zum Abschluss noch eine dicke Schicht Rindenmulch. So bleibt der Boden weitgehend unkrautfrei und die Bäume wachsen rasch. Später lassen sich unter den Gehölzen viele frühjahrsblühende Zwiebelblumen, wie Blausternchen, Schneeglöckchen und Narzissen, pflanzen.

Blüten- und Wildsträucher für „intelligente Hecken"

Wildsträucherhecken haben gleich mehrere Vorteile. Einerseits müssen sie, wenn ausreichend Platz vorhanden ist, nicht geschnitten werden, andererseits bieten diese Gehölze zahlreichen Nützlingen Quartier und Nahrung. Die Tiere helfen dann dem „intelligenten Gärtner" von Jahr zu Jahr stärker bei der Bekämpfung von Schädlingen.

Man denke nur an Singvögel, die in den dichten Ästen hervorragende Nistmöglichkeiten finden. Die Tabelle zeigt einige der schönsten Wild- und Blütensträucher, die – geschickt gepflanzt – immer wieder für Blütenschmuck sorgen.

Arbeitssparer Gartenteich

Foto: www.verlagsbuero-garten.at

Schwimmteiche bieten bequeme Erfrischung, ohne Chemie und großen technischen Aufwand.

Ein Gartenteich, oder, wie er dieser Tage häufig genannt wird, „Biotop“, ist eine Oase im Garten, ein Tummelplatz für viele Tiere und ein Ort, der zum Niedersitzen und Beobachten einlädt. Wer einmal am Ufer seines Teiches gesessen und für Stunden das Tierleben beobachtet hat, wird verstehen, warum die Wasseroase im Garten ein solcher „Hit“ geworden ist. Libellen, Frösche, Kröten und Dutzende Wasserkäfer werden sich schon nach wenigen Wochen einfinden und den Teich beleben – ganz ohne unser Zutun.

In einem natürlich angelegten Garten wird man dem Teich einen Platz im Halbschatten geben. Die pralle Sonne würde das Wasser zu stark erwärmen und dadurch bald zu verstärkter Algenbildung führen. Aufpassen sollte man aber auf die Bäume im Umfeld. Sie müssen in einem gewissen Abstand zum Wasser stehen, damit ihr Laub nicht in den Teich fällt. Dies würde ebenfalls zu Veralgung führen.

Es gibt viele Möglichkeiten, einen Teich abzudichten. Am bequemsten sind allerdings die im Handel erhältlichen Teichfolien. Als Standort wählt man eine natürliche Vertiefung im Garten. Keinesfalls darf ein Becken mit steilen Ufern errichtet werden, im Gegenteil: Das Gelände soll sanft zum Ufer laufen. Das Aushubmaterial gehört also entweder abtransportiert oder kann an einer Seite des Teiches als natürlich wirkender und flach ansteigender „Hügel“ aufgeschichtet werden. Die Grundform des Teiches wird mit Pflöcken ausgesteckt und mit Schnüren abgegrenzt. Verzichten Sie auf extreme Grundrisse, die Nierenform bietet sich wohl am ehesten an.

7 Schritte zum Teich

1. Rasensoden abtragen und kompostieren. Für das Ausheben des Teiches beauftragen Sie einige „Muskelmänner“ oder lassen Sie einen Minibagger kommen. Der Untrainierte verliert sonst rasch die Freude an dieser Schwerarbeit und verringert während des Baus aus Bequemlichkeit die Tiefe. Diese sollte aber unbedingt 80–100 cm erreichen.

2. Achten Sie bei der Ufergestaltung auf „sanfte Formen“: keine steilen Ufer, sondern flache Randzonen, in denen besonders viele schöne Teichpflanzen gedeihen.

3. Die Teichfolie sollte erst nach dem Ausheben der Grube bestellt werden. Das Messen geht am einfachsten so: An der breitesten und längsten Stelle wird eine Schnur exakt nach der Bodenform in den späteren Teich gelegt. Die Schnurlänge plus einen Meter Überstand ergibt die Teichfoliengröße.

4. Der Unterboden muss frei von scharfen Steinen sein. Zur Sicherheit sollte eine Schicht feiner Sand eingefüllt werden, eventuell auch ein Teichvlies. Darauf wird dann die Teichfolie verlegt.

5. Damit der Teich später nicht veralgt, muss schon beim Aufbau darauf geachtet werden, dass wenig und nur nährstoffarme Erde für den Teichboden verwendet wird. Es hat sich bewährt, jene Erde zu verwenden, die sich beim Ausheben der Grube an der tiefsten Stelle befand. Dort sind die wenigsten Nährstoffe enthalten. Die Erde mit grobem Kies oder größeren Steinen abdecken, damit wird ein späteres Aufschwemmen verhindert.

6. Beim ersten Befüllen des Teiches sollte man darauf achten, nicht zu viele Schwebstoffe aufzuwühlen. Am einfachsten geht das, indem man am Teichgrund einen Kübel aufstellt und den Schlauch in diesen münden lässt. Dadurch fließt das Wasser langsam und ohne Druck ein.

7. Algen im Teich sind für viele Gartenbesitzer ein Alarmzeichen. Meist ist Panik jedoch nicht angebracht: Ein Abfischen mit einem Netz ist meist ausreichend: geschieht dies immer wieder, wird sich bald ein natürliches Gleichgewicht einstellen.

Foto: www.verlagsbuero-garten.at

Der Teich ist meist ein Blickpunkt im Garten und lädt zur Entspannung ein.

Pflanzen für den Teich

Ufer und seichtes Wasser
Fieberklee, Froschlöffel, Gauklerblume, Schilf, Sumpfdotterblume, Sumpfvergissmeinnicht, Wasserhahnenfuß, Wasserknöterich, Wasserschwertlilie, Wollgras

Bis 50 cm Wassertiefe und mehr
Hornblatt, Laichkraut, Rohrkolben, Seekanne, Seerose, Tannenwedel, Wasserpest (Vorsicht: wuchert!)

Schwimmpflanzen
Froschbiss, Teichlinse (Vorsicht: wuchert!), Wassernuss, Wasserschlauch

Schutz für Kinder

Kleine Kinder spielen gern am Teich. Weil die Gefahr des Ertrinkens groß ist, sollte man unbedingt ein stabiles Gitter vorsehen. Es liegt 5 cm unter der Wasseroberfläche und ist fest verspannt. Sogar ein Erwachsener kann „über das Wasser" gehen. Die Pflanzen aber wachsen hindurch, ohne Schaden zu nehmen.

Im Uferbereich werden für die Verankerung des Gitters einige starke Holz- oder Metallpflöcke in den Boden gerammt (mindestens 60 cm tief). Bei großen Teichen sind unbedingt mehrere Pflöcke pro Seite nötig.

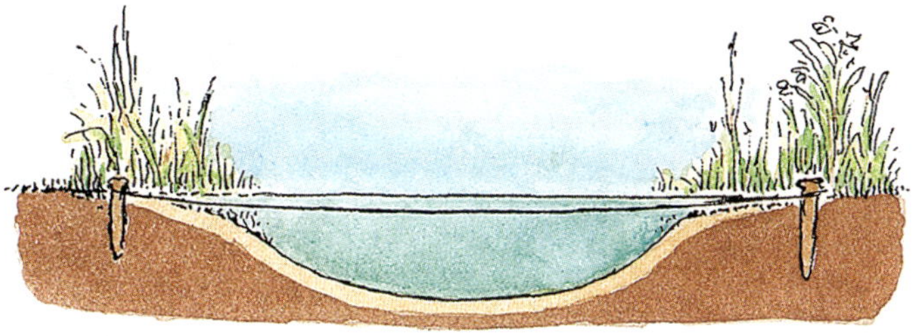

Die Pflöcke werden mit kräftigen Drahtseilen verbunden. Über die Seile wird ein stabiles Drahtgitter (enges Baustahlgitter) gelegt. Der Rand des Gitters muss am Ufer beginnen und die Öffnungen müssen so klein sein, dass Kinder nicht hindurchrutschen können.

Nach einigen Wochen sind weder das Gitter noch die Seilkonstruktion zu sehen: Die Pflanzen haben alles überwachsen.

Algen im Teich

Nur gut eingewachsene Teiche mit einem ausreichenden Anteil an Wasserpflanzen geben Gewähr, dass es nicht zu explosivem Algenwachstum kommt. Wenn Algen in einem Gartenteich auftreten, dann ist das fast immer ein Zeichen von Nährstoffüberschuss.

In der ersten Phase nach dem Anlegen eines Teiches muss man sich keine allzu großen Sorgen machen – das natürliche Gleichgewicht ist noch nicht hergestellt, das dauert. Man sollte jedoch immer prüfen, ob alle Grundregeln für das Anlegen eines Teiches beachtet wurden:

- Der Teich sollte nicht zu seicht sein; an einer Stelle mindestens 80–100 cm tief und trotzdem müssen die Ufer sanft ansteigen.
- Kein nährstoffreiches Substrat als Teichboden;
- genügend Pflanzen (etwa 1/3 Pflanzfläche, 2/3 Wasserfläche);
- keine pralle Sonne, sondern mehrere Stunden am Tag Schatten;
- kein Nachfüllen mit kalkhaltigem Leitungswasser;
- keine Zierfische (Goldfische, Kois etc.).

Notmaßnahmen bei Algen

Grundregel Nummer 1: Keine Panik! Einige Algenfetzen im Teich sind noch kein Problem. Aufpassen sollte man jedoch auf Fadenalgen, die am besten immer wieder abgefischt werden. Pumpen und Filteranlage sind normalerweise nicht nötig – sie würden nur das natürliche Gleichgewicht stören.

Als Helfer in der Not haben sich neben einer Vielzahl von mehr oder weniger gut wirkenden Algenmitteln aus dem Handel Torf und Gerstenstroh bewährt. Leicht angefeuchteter Torf, in einen Stoffsack gestopft und mit schweren Steinen am Teichgrund befestigt, bewirkt ein „Sauerwerden“ des Wassers. Besonders in Teichen, die mit Kalkschotter und kalkhaltigem Leitungswasser aufgefüllt wurden, kann dieses Rezept echte Wunder wirken. Allerdings nimmt das Wasser durch die Torfsäuren eine dunkle Färbung an.

Beim Gerstenstroh geht man ähnlich vor: Große Plastik- oder Stoffsäcke werden möglichst dicht mit Stroh gefüllt und ebenfalls mit Steinen beschwert auf den Teichboden gelegt. Das Stroh beginnt zu verrotten und bindet dabei die Nährstoffe im Wasser. Je nach Temperatur wird man das Stroh 6–8 Wochen im Wasser liegen lassen können. Dann kommt es auf den Kompost, denn es ist „voll gesogen" mit Nährstoffen und wird dort allmählich zu Humus.

Foto: www.neumayr.cc

Bachlauf und Springbrunnen

Wer denkt, ein Bachlauf sei ein „Algenkiller", irrt: Sauerstoff im Wasser ist zwar wichtig, die Umwälzung und vor allem die Erwärmung des Wassers führen jedoch meist zum gegenteiligen Effekt. Besonders dann, wenn die Pumpe für den Wasserkreislauf das Wasser aus der tiefsten Stelle des Teiches pumpt. Dort sammeln sich nämlich meist die Nährstoffe, die dann über den Bach wieder in die obersten Schichten gelangen und zu Algenwachstum führen.

Springbrunnen sind – wenn es sich nur um kleinere Wasserbewegungen handelt, kein Problem. Größere Fontänen haben in einem Naturbiotop nichts verloren. Sie würden – wie der Bachlauf – die Ökologie stören und auch das Wachstum von Wasserpflanzen behindern. Seerosen mögen es zum Beispiel ganz und gar nicht, wenn das Wasser ständig in Bewegung ist und auf Blätter und Blüten tropft.

Keine Tiere in den Teich!

Der Faulenzergärtner holt bewusst keine Tiere in den Teich. Goldfisch & Co haben in einem Naturbiotop nichts verloren. Sie verursachen besonders starkes Algenwachstum. Viele Tiere finden sich meist schon nach einigen Stunden an der neu entstandenen Wasserfläche ein – die Libelle zum Beispiel. Wasserschnecken werden meist mit den Pflanzen eingeschleppt, und Freund Frosch wartet nur darauf, eine neue „Eigentumswohnung" beziehen zu können. In Ausnahmefällen können in einem großen Teich die heimischen Fische Bitterling, Moderlieschen oder Stichling eingesetzt werden. Bitterlinge benötigen aber zum Fortpflanzen Süßwassermuscheln. Interessant zu beobachten ist der Stichling: Er baut regelrechte Nester am Boden und fächelt dem Gelege mit der Schwanzflosse ständig Wasser zu.

Arbeitssparer **Blumenwiese**

Es ist wohl ein Zeichen der Zeit, dass Naturwiesen nun wieder besonders hoch im Kurs stehen. Wie sonst ist es zu erklären, dass im Frühjahr in den tipptopp gepflegten Schrebergärten liebevoll um die Margeriten herumgemäht wird? Diese kleinen Inseln sind meist der Beginn einer Liebe zur naturnahen Wiese, die auch in kleinen und kleinsten Gärten ihren Platz findet. Dennoch heißt es aufpassen: Blumenwiese und Rasen haben ganz unterschiedliche Funktionen. Erstere ist zum Anschauen da, Letzterer zum Nutzen. Denn betreten darf man die Blumenwiese ab einem bestimmten Zeitpunkt (wenn Gras und Blumen „knöchelhoch" stehen) nicht mehr. Der Rasen hingegen kann zum Spielen und als Sitzplatz genutzt werden, selbst dann, wenn er zum Blumenrasen wird, wenn also Gänseblümchen & Co nicht rigoros bekämpft werden.

Wenig Pflege, schnell gemacht

Die Blumenwiese ist ideal für den intelligenten Faulen: kein Gießen, nur zwei- bis dreimal im Jahr mähen und dazu noch die Freude über ein besonders buntes Stück Natur. Für das Anlegen einer solchen Wiese gibt es zwei Möglichkeiten. Zuerst jene für den ungeduldigen Gärtner: Der Rasen mitsamt der obersten Humusschicht wird abgetragen und kompostiert. Die verbleibende Erde wird gefräst, mit scharfem Fluss- oder Quarzsand abgemagert, und schon ist die Fläche fertig zum Aussäen.

Die zweite Möglichkeit ist, den Rasen durchwachsen zu lassen: immer seltener mähen, immer mehr der Natur ihren freien Lauf lassen. In den darauffolgenden Jahren immer wieder vertikutieren, also belüften, und danach eine dicke Schicht Quarzsand einstreuen. Nach drei, vier oder gar erst fünf und mehr Jahren wird eine Blumenwiese entstehen.

Blumenwiese beschleunigen

Wenn aus einem Rasen eine Blumenwiese werden soll, kann man da und dort auch das Blumenwachstum beschleunigen, indem man die Rasenfläche aufreißt und Wiesenblumensamen einstreut oder gleich fertige Pflanzen setzt.

Foto: fotolia.de/emer

Das schönste Blumenbeet der Natur – der größte Arbeitssparer!

Humus abheben

Nährstoffreiche Erde lässt das Gras, nicht jedoch die Blüten wachsen. Daher empfiehlt es sich, die obersten 5–10 cm abzutragen und erst dann den Boden umzugraben.

Sand und Blumen

Quarzsand ist das einfachste „Abmagerungsmittel“ für den Boden. Wer gleich die Blumensaat (ganz wenig Gräser) mit einstreut, spart Arbeit.

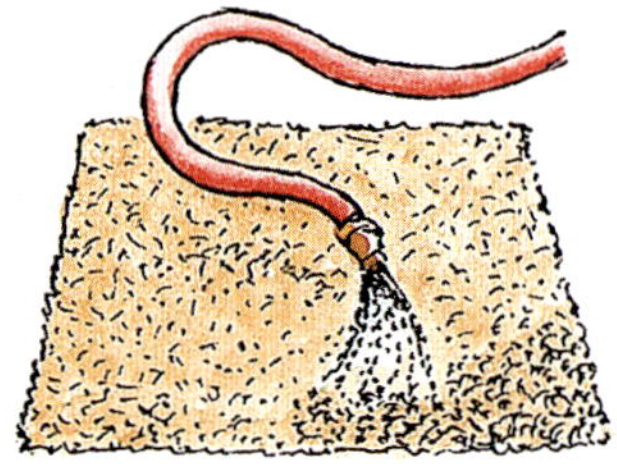

Gießen

Wasser benötigt die Blumenwiese nur in den Geburtsstunden. Nach dem Keimen der Saat lieben viele Wiesenkräuter ein eher karges Dasein.

Fertige Blumenwiese

Zwei- bis dreimal pro Jahr wird gemäht. Wichtig: Schnittgut auf der Wiese abtrocknen lassen, da dann die Samen der einjährigen Blumen ausfallen, anschließend entfernen, um Nährstoffeintrag zu vermeiden.

7 Schritte zur Blumenwiese

1. Den Boden vorbereiten, mit Sand abmagern.
2. Besorgen Sie sich passendes Saatgut in Fachgeschäften – kaufen Sie nicht das erstbeste, sondern erkundigen Sie sich bei Biologen. Sammeln Sie Saatgut auf Wiesen!
3. Bei der Aussaat darauf achten: Die meisten Wiesenblumen benötigen Licht und Luft zum Keimen. Daher niemals zu dicht säen und vorsichtshalber das Saatgut mit viel Sand mischen.
4. Nach der Aussaat den Boden gleichmäßig feucht halten, damit die kleinen Pflänzchen nicht vertrocknen.
5. Normalerweise muss eine Wiese zweimal pro Jahr gemäht werden: Ende Juni/Anfang Juli und im September. Dies gilt bei einer Wiese, die auf einem durchschnittlich nahrhaften Boden steht. Ist der Boden aber besonders karg, kann auch ein einziger Schnitt im Herbst genügen.
6. Große Flächen lassen sich zweifellos für Ungeübte am leichtesten mit sogenannten Balkenmähern mähen. Umweltfreundlicher ist dagegen die Sense: Hier freilich heißt es „Übung macht den Meister“.
7. Entfernen Sie den gesamten Grasschnitt – nur eine magere Wiese wird üppig blühen.

... und noch weniger Arbeit!

Was tun manche Hobbygärtner nicht alles mit ihrem Schnittgut: Da wird tagelang zerkleinert, gehackt, und alles, was auch nur irgendwie in den Häcksler passt, wird gnadenlos bearbeitet. In manchen Fällen ist es wohl sinnvoll, Holzhäcksel als Mulchmaterial zu erzeugen. In vielen Fällen aber ist es nutzlose Schwerarbeit.

Mit der Natur und nicht gegen die Natur lautet die Devise für den „intelligenten Faulen“. Deshalb lässt er „die anderen“ arbeiten.

Foto: fotolia.de/N-Media-Images

Weniger ist mehr! Intelligente Faule lassen die Natur für sich arbeiten.

Gekonnte, kluge Unordnung: der Totholzhaufen

Alles bis zur Stärke eines „Männer“-Daumens kommt auf den Kompost (siehe Seite 91), die stärkeren Äste werden entweder zu Brennholz oder, wenn nicht allzu viel Material anfällt, auf einen Totholzhaufen geschichtet.

Klingt irgendwie gefährlich, oder? Ist es aber gar nicht: Irgendwo im Garten – an einer Stelle, die nicht allzu eingesehen ist, werden all die Holzteile aufeinandergeschichtet, die nicht verwendbar sind und auf natürliche Weise zerkleinert werden sollen: Wurzelstöcke, Äste und als „Würze“ noch Laub und Reisig.

In diesen Haufen, die gar nicht groß sein müssen, stellt sich Natur pur ein: Der Igel wird bald das neue Haus beziehen, Laufkäfer werden beginnen, das Holz zu zernagen. Blindschleichen und viele andere Reptilien werden Unterschlupf finden und dem Gärtner in Zukunft viel Arbeit abnehmen. Alle diese neuen Bewohner gehören nämlich zur Gruppe der „Nützlinge“, der Helfer im Garten, die dafür sorgen, dass „Lästlinge“ wie Schnecken gar nicht erst überhandnehmen.

Steinreich – und glücklich

„Steine bis zur Größe einer Männerfaust sind Dünger!“

Nein, das ist nicht meine Weisheit, sie wird vielmehr Indianern zugeschrieben. Für sie hatte die Erde eine ganz besondere Bedeutung, und vieles, was heute im biologischen Gartenbau im Rahmen des Bodenschutzes getan wird, könnte aus dem Wissensschatz der Indianer stammen. Wie ist das also mit den Steinen?

Generell sollte man hier keine unnötige Mühe an den Tag legen: Erde nicht durchsieben, um die „lästigen" Steine wegzubekommen. Versuchen Sie es doch einmal so: Alle größeren Steine – und da gilt auch schon eine zarte Frauenhand als Maßstab – werden entfernt und auf einem Steinhaufen am Rand des Gartens aufgeschichtet. Er hat eine ähnliche Funktion wie die Trockenmauer – ist also Unterschlupf für viele Nützlinge. Der Rest der Steine bleibt im Boden, denn in humusreichem Erdreich sind diese Mineralstofflieferanten kein Problem.

Foto: fotolia.de/M. R. Swadzba

Die Raupe des Kleinen Fuchses ernährt sich von Brennnesselblättern.

... und auch das noch: Brennnesseln!

Für viele Gärtner der alten Schule ist die Brennnessel das Symbol für Unkraut. Gärtner von heute wissen aber: Brennnesseln sind äußerst wichtige Pflanzen in einem naturnahen Garten. Einerseits zeigen sie uns, dass der Boden in Ordnung ist – Brennnesseln wachsen nur, wo es viel Humus gibt. Andererseits liefern die Blätter Nahrung für Schmetterlingsraupen, können zum Mulchen verwendet werden, und schließlich ist die Brennnessel in Form einer Jauche Lebenselixier für viele Pflanzen.

Daher dürfen diese einst ungeliebten Pflanzen im Garten für den intelligenten Faulen getrost ein Stück Fläche einnehmen.

Foto: fotolia.de/Christian Pedant

Auch das wunderschöne Tagpfauenauge zählt zu den Nesselfaltern und ist in seiner Jugendzeit auf Brennnesseln angewiesen, um sich so prachtvoll zu entwickeln.

Singvögel – bitte verwöhnen!

Wenn das Frühjahr ins Land zieht, dann sind sie die lautstarken Boten des neuen Gartenjahres: unsere Singvögel. Doch nicht nur der Gesang ist es, der uns beglückt. Singvögel sind eifrige Schädlingsvertilger. Ob die ersten Blattläuse an den Obstbäumen oder die Raupeninvasion an den Rosen – die gefiederten Freunde halten die Tierchen in Schach.

Daher helfen wir „intelligente Gärtner" gern:

Futterhäuschen im Winter – ausschließlich mit Körnerfutter. Also keine Küchenabfälle wie Nudeln, Kartoffeln, Brot oder Reis, die noch dazu gesalzen sind und den sicheren Tod der Vögel bedeuten würden.

Nistkästen – an vor Wind und Witterung geschützten Plätzen so montiert, dass auch Katzen sie nicht erreichen können.

Vogeltränken – so aufgestellt, dass rundherum möglichst viel Freiraum herrscht, damit Katzen nicht aus einem Versteck heraus die badenden Vögel fangen können.

Ein Hotel für Insekten

Marienkäfer als Blattlaustiger, Schwebfliegen mit großem Appetit auf Schädlinge und dazu noch Florfliegen, die auch die Läuse zum Fressen gern haben.
Wie bringe ich diese Tierchen nur in den Garten?
Intelligente Faule machen es sich leicht – sie errichten ein Hotel! Keine Baugenehmigung, kein Antrag beim Gemeindeamt, nur ein Stück Hartholz (Buche, Eiche, Robinie) ist nötig, in das mehrere Löcher im Durchmesser von 1–10 mm gebohrt werden. Die Löcher sollten mindestens 5 und höchstens 10 cm tief sein.
An einer Hauswand (beispielsweise bei einem Holzschuppen) werden sich innerhalb weniger Tage die ersten Helfer im Garten einfinden und die Löcher besiedeln.

Für andere Nützlinge ist eine alte, gut ausgewaschene und trockene Konservenbüchse, in die (echte) Strohhalme gefüllt werden, ein Quartier.
Und die Florfliegen wiederum wollen am liebsten einen Unterschlupf zum Überwintern: in Treppenhäusern und auf Dachböden. Also keine Panik, die zarten, manchmal als „Motten" bezeichneten Tierchen sind extrem nützlich und fressen Blattläuse mit Begeisterung.

Foto: www.verlagsbuero-garten.at

Pflanzen

für jede Gelegenheit

Was wächst wo?

Oder: Pflanzen lassen sich nicht „pflanzen“. Passen Boden oder Lichtverhältnisse nicht, dann nützen weder Chemie noch Gift. Diese Gewächse sind dem Tod geweiht.

Ein Beispiel: Die beliebten Rhododendren sind sogenannte Moorbeetpflanzen, d.h., sie mögen „saure“, also kalkfreie Böden. Werden nun Rhododendren oder auch Azaleen und viele andere Moorbeetgewächse in einen kalkigen Boden gepflanzt, wird der glückliche Gärtner bald unglücklich. Im ersten Jahr nach dem Pflanzen blüht der Rhododendron noch prächtig, im zweiten Jahr ein wenig, im dritten Jahr nicht mehr und im vierten ist er kaputt. Die Ursache: der falsche Standort.

Auf den Boden kommt es an

Moorbeetgewächse benötigen saure Böden, die entweder durch Lauberdekompost, Torfersatzstoffe oder mithilfe fertiger Rhododendronerde geschaffen werden können. Allerdings nicht bloß in einem kleinen Pflanzloch, sondern in einem relativ großzügigen Beet: Pro Pflanze sollte ein Loch mit einem Durchmesser von zumindest 1 m und einer Tiefe von ca. 50–70 cm ausschließlich mit diesem Substrat gefüllt werden.

Eine Mischung aus der (kalkhaltigen) Muttererde mit reinem Torf im Verhältnis von 1 : 1 – leider immer noch eine gängige Empfehlung – ist aus Gründen des Umweltschutzes nicht zu empfehlen und hält auch nur für einige Jahre vor. Dann beginnt die Pflanze wieder zu kümmern.

Foto: www.verlagsbuero-garten.at

Stauden wie der Rosa Sonnenhut, Schafgarben, Kugeldisteln, Indianernesseln und die Fetthenne kommen auf trockenen Standorten gut zurecht.

Die richtige Pflanze am richtigen Standort

Intelligente Faule können zwei Wege gehen: ausschließlich Pflanzen auswählen, die zum Standort passen, oder den Boden großzügig austauschen, um dann wenigstens für ein, zwei Jahrzehnte keine Probleme mehr zu haben. Einfacher ist freilich Variante eins, denn es gibt keinen Standort, für den es nicht auch die passende Pflanze gäbe.
Die wichtigste Regel für alle bequemen Gärtner lautet daher, jene Pflanzen auszuwählen, die exakt mit den Boden- und Lichtansprüchen zurechtkommen.

Checkliste Zeigerpflanzen

Die Beschaffenheit des Bodens verraten Zeigerpflanzen.

Humusreicher Gartenboden
- Große und Kleine Brennnessel *(Urtica dioica* u. *U. urens)*
- Hirtentäschel *(Capsella bursa-pastoris)*
- Vogelmiere *(Stellaria media)*

Lehmiger Boden
- Acker-Hahnenfuß *(Ranunculus arvensis)*
- Huflattich *(Tussilago farfara)*
- Ketten-Labkraut *(Galium aparine)*

Toniger (schwerer, nasser) Boden
- Breitwegerich *(Plantago major)*
- Kriechender Hahnenfuß *(Ranunculus repens)*
- Gewöhnlicher Löwenzahn *(Taraxacum officinale)*

Sandiger (trockener) Boden
- Frühlings-Hungerblümchen *(Erophila verna)*
- Sand-Mohn *(Papaver argemone)*

Kalkarmer Boden
- Adlerfarn *(Pteridium aquilinum)*
- Acker-Hundskamille *(Anthemis arvensis)*
- Wildes Stiefmütterchen *(Viola tricolor)*

Kalkreicher Boden
- Gemeine Wegwarte *(Cichorium intybus)*
- Wiesensalbei *(Salvia pratensis)*

Zeigerpflanzen helfen den Boden bestimmen

Bevor Sie an die Planung oder gar den Pflanzenkauf gehen, sollten Sie an mehreren Stellen des Gartens die Boden- und Lichtverhältnisse prüfen. Als Helfer erweisen sich dabei sogenannte Zeigerpflanzen, die meist als lästige Unkräuter bezeichnet werden. Die festgestellten Kriterien sind dann für die Experten in den Baumschulen und Gärtnereien sowie für die Hinweise in Katalogen und Büchern von großer Bedeutung. Zunächst scheint das mühsam zu sein, später aber lohnt sich dieser momentane Mehraufwand, denn Pflanzen, die sich wohlfühlen, benötigen kaum noch Pflege.

Foto: www.verlagsbuero-garten.at

Im lichten Schatten auf humosem Boden gedeihen besonders gut Waldgeißbart *(Aruncus* sp.) und Funkien.

So wird gepflanzt

Ideal für die Neuanlage eines Gartens sind Herbst und/oder Frühjahr, aber Dank der großen Palette an Pflanzen im Topf (Container) sind Pflanzungen auch mitten im Sommer möglich, wenngleich dies nicht die beste Jahreszeit ist.

Foto: fotolia.com/toolklickit

Wenn alles vorbereitet ist, kann es losgehen. Gießen nicht vergessen!

Welcher Zeitpunkt?

Der große Vorteil bei einer Herbstbepflanzung ist der Wachstumsvorsprung im kommenden Jahr: Bäume, Sträucher und viele Stauden bilden nämlich sofort nach der Pflanzung erste Wurzeln, die dann im Frühjahr kräftiges Wachstum bringen.

Bei einer Frühjahrsbepflanzung kann man ab der Schneeschmelze und dem Abtrocknen des Bodens setzen. Großer Vorteil dabei: Empfindlichere Pflanzen sind nicht sofort der winterlichen Kälte ausgesetzt und können sich langsam akklimatisieren.

Bei der Sommerbepflanzung steht meist das persönliche Interesse des Gärtners im Vordergrund: Urlaubszeit, Fertigstellung des Gartens oder einfach die warme Witterung machen Lust aufs Garteln. Doch auch wenn der Sommer dem Gärtner mehr Freude und Spaß bei der Arbeit bringen mag, sollte man abwägen: Ein im Sommer angelegter Garten benötigt zum Start viel Pflege. Gießen statt Faulenzen ist dann gefragt.

Erst planen

Ehe man loslegt, ist es am geschicktesten, mit einer kleinen Skizze einen Pflanzplan zu erstellen. Beachten Sie dabei Wuchshöhe und Blühzeitpunkt. Nur so behindern die Pflanzen einander nicht und ihr Blütenreichtum hält über viele Wochen an.

Dann vorbereiten

Wichtigste Arbeit vorweg ist die Bodenvorbereitung. Machen Sie es nicht an dem Tag, an dem Sie pflanzen wollen – Erdarbeiten sind immer „Schwerarbeit“. Meist wird man nachlässig und lockert den Boden nur oberflächlich, um schnell anpflanzen zu können. Daher den Boden eine Woche davor tiefgründig (40 cm tief) lockern. Kompost, Fertighumus und biologische Dünger – z.B. Hornspäne – einarbeiten. Wenn Sie einen Garten allein anlegen, dann gehen Sie etappenweise vor. Nur so lassen sich Überblick und Freude am Gärtnern bewahren.

Jetzt pflanzen

Alle vorgesehenen Pflanzen werden zunächst an die Plätze gestellt, wo sie später gesetzt werden. Bei breiten Beeten ist es sinnvoll, das Beet Schritt für Schritt zu bepflanzen. Den Abschluss bildet das Mulchen mit Rindenkompost und/oder Rasenschnitt und das kräftige Angießen – oder, wie die Profis sagen, das Einschlämmen –, selbst an Regentagen oder im Herbst! Denn nicht ums Wasser allein geht es, sondern um die Tatsache, dass die Wurzeln rundum von Erdreich umspült werden und so rasch die feinen Faserwurzeln zur Feuchtigkeits- und Nährstoffversorgung der Pflanze gebildet werden können.

Ein blühendes Paradies – der Blumengarten

Wer träumt nicht von einem Garten mit Tausenden Blüten? Inmitten der bunten Pracht liegen und die Seele baumeln lassen! Doch wie entsteht ein bunter Blumengarten?

Wie für alle Bereiche gilt: Planung ist alles. Abhängig von Größe und Lage kann so im Nu ein blühendes Paradies geschaffen werden. Innerhalb von wenigen Tagen lässt sich ein Garten anlegen, der ein ganzes Gartenjahr lang blüht.

Bäume und Sträucher

Es gibt Gehölze, die im Blumengarten nicht fehlen dürfen: Zierkirschen, Osterstrauch und Flieder gehören einfach dazu, wenn es gilt, den passenden Rahmen für die Blumen zu finden. Dabei heißt es aber aufpassen: nur jene Sorten wählen, die nicht zu groß werden und die Blumen verdrängen.

Bequeme, bunte Staudenbeete

Stauden sind mehrjährige, krautige Gewächse und gehören zu den interessantesten Gartenpflanzen. Es überwintert bei ihnen nur der Wurzelstock, alle oberirdischen Teile frieren ab. Die Wuchskraft dieser Pflanzen ist aber enorm. Über viele Jahre oder gar Jahrzehnte treiben sie immer wieder neu aus. Wer ein Staudenbeet anlegt, sollte auf Wuchshöhe und Blühzeitpunkt achten. Es gibt Tausende Stauden in allen Farben und Größen. Containerpflanzen können das ganze Jahr über gesetzt werden. Die beste Zeit zum Anlegen eines Staudenbeets ist aber das Frühjahr.

Kleine Gehölze

- **Flieder** *(Syringa* Hybriden*)*
  'Andenken an Ludwig Späth' – dunkelpurpur – ideal als Stämmchen, damit Platz zum Unterpflanzen ist.
  'Madame Lemoine' – weiß, spät blühend. Auch hier haben sich die Stämmchen bewährt.
  'Weekend' – größer, besonders buschig, nicht so hoch, blüht am besten; die Triebe sind direkt mit Blüten besetzt.
- **Goldglöckchen, Osterstrauch** *(Forsythia × intermedia)*
  'Maree d'Or' – wird nur einen halben Meter hoch und rund einen Meter breit – ideal für Steingärten und am Rand von Blumenbeeten.
- **Japanische Kirsche** *(Prunus incisa)*
  'February Pink' – blüht von Mitte März bis Mitte April.
- **Mandelbäumchen** *(Prunus triloba)* – ein Muss in jedem Blumengarten. Die rosaroten Blüten im März sind der Auftakt für den Blütenreigen.
- **Sommerflieder, Schmetterlingsstrauch** *(Buddleja davidii)*
  'Pink Delight' – rosafarbig, kompakt und besonders große Blüten.
  'White Ball' – weiß, besonders klein und kompakt.
  'Border Beauty' – dunkelpurpur, kräftig und reich blühend.

Wuchshöhe und Blühzeitpunkt für schöne Stauden

Die Tabelle zeigt die schönsten und robustesten Stauden, eingeteilt nach Blütezeit und Wuchshöhe. Wenn Sie ein Staudenbeet neu anlegen, dann ist es wichtig, den Boden gut vorzubereiten, mit Kompost und Langzeitdünger zu versorgen und von jeder Pflanze zumindest drei Stück in einer Gruppe zu setzen. Das schafft schon im ersten Jahr eine großartige Wirkung.

Neben der Bodenvorbereitung ist auch das sorgsame Entfernen von Wurzelunkräutern wichtig. Macht man das zu Beginn sehr exakt (selbst eine kleine Wurzel, die man übersehen hat, beginnt wieder zu wachsen), hat man später mit so einem Blumenbeet kaum noch Mühe.

Die schönsten Zwiebelblumen

Die Palette an schönen Zwiebelblumen ist besonders groß. Vor allem Anfänger haben mit ihnen große Freude, weil kaum etwas falsch gemacht werden kann. Beachten Sie beim Kauf dennoch immer die Wuchshöhe, den Blühzeitpunkt und die Blütenfarbe.

Für das Frühjahr

Schneeglöckchen*, Krokus*, Narzissen*, Tulpen (Wildformen*), Blausternchen*, Traubenhyazinthen*, Hyazinthen, Hasenglöckchen*, Kaiserkronen

(Zwiebeln mit einem * eignen sich besonders gut zum Verwildern, d. h. in einer Wiese oder unter Bäumen oder Sträuchern gepflanzt, vermehren sie sich, ohne dass man etwas dazu beitragen muss)

Pflanzzeit ist von September bis Ende Oktober/Anfang November. Die Zwiebeln bilden nämlich noch im Herbst ein dichtes Wurzelgeflecht. Ist der Boden schon bald nach dem Pflanzen gefroren, können die Zwiebeln keine Wurzeln mehr treiben und haben meist eine deutlich kleinere Blüte.

Der Boden für Zwiebelgewächse sollte humusreich und gut wasserdurchlässig sein. Als Vorsorge vor Kahlfrösten (strenger Frost ohne Schneedecke) wird die Pflanzstelle mit Kompost abgedeckt.

Nach der Blüte im Frühjahr bleiben die Zwiebeln in der Erde, die Blätter dürfen erst nach dem Gelbwerden abgeschnitten werden, weil die Zwiebeln aus ihnen Kraft für die nächste Blüte tanken.

Foto: fotolia.de/Anna Ritter

Krokusse sind Zeichen, dass das Gartenjahr wieder durchstartet.

Foto: IZB

Narzissen dürfen in keinem Garten fehlen, es gibt sie in zahlreichen Farben und Sorten.

Für den Sommer

Gladiolen, Dahlien, Begonien, Blumenrohr

Sie werden nach den Eisheiligen gepflanzt, denn sie sind nicht frostfest. Im Gegensatz zu den Frühlingsblühern benötigen sie die ganze Saison über viele Nährstoffe. Schon beim Pflanzen sollte man Kompost und Langzeitdünger beimischen.

Im Herbst werden die Knollen aus der Erde geholt, abgetrocknet und in einem kühlen Kellerraum überwintert.

Für den Herbst

Herbstzeitlosen, herbstblühende Krokusse

Die blasslila Blüten der Herbstzeitlosen entstehen aus den Seitensprossen der Hauptzwiebel, sie werden im August gepflanzt und blühen bis in den Oktober. Bis zum nächsten Jahr entstehen aus den Seitensprossen wieder neue Zwiebeln, die alte Zwiebel stirbt ab. Dadurch können die Pflanzen im Laufe der Zeit auch einen dichten Teppich bilden.

In die Wiese pflanzen

Schneeglöckchen, Krokus, Blausternchen, Narzissen und viele andere Zwiebelgewächse sind ideal zum Verwildern und sollten in eine Wiese gepflanzt werden. Möglichst „naturnah", daher geben Sie die Zwiebeln in einen Korb und werfen sie diese mit Schwung auf die vorgesehene Pflanzstelle. Dort, wo eine Zwiebel hinfällt, wird sie gesetzt.

Am einfachsten geht dies im Rasen so: Eine Rasensode wird ausgestochen, die Erde darunter gut gelockert, mit Kompost versorgt und die Zwiebel hineingesteckt. Dann kommt der Rasen wieder darauf und wird festgetreten.

Foto: www.neumayr.cc

Wildblumenzwiebeln (siehe „Checkliste") auf dem Rasen ausstreuen, sodass ein unregelmäßiges Muster entsteht.
Rasen mit dem Spaten aufstechen, aufklappen und die Zwiebeln dort pflanzen, wo sie nach dem Ausstreuen gelandet sind.
Im Frühjahr entsteht ein buntes Blumenbeet im Rasen, das freilich erst gemäht werden darf, wenn die Blätter (nicht die Blüten!) gelb geworden sind.

Die hübschesten Sommerblumen

Sommerblumen sind fantastisch: Im Mai werden sie gepflanzt, wenige Wochen später blühen sie in voller Üppigkeit. Ganz faul darf man freilich nicht sein. Das Vorbereiten des Beetes, die Aussaat oder das Anpflanzen und natürlich das Gießen bedeuten Mühe.

Wichtig ist es, Sommerblumen mit ausreichend Nährstoffen zu versorgen, denn Pflanzen, die in kurzer Zeit üppig wachsen und blühen, brauchen einen Kraftschub. Gleich anfangs sollte ausreichend Kompost in das Beet eingebracht werden. Wer zudem die abgeblühten Blüten laufend auspflückt, verhindert, dass die Pflanzen unnötig Energie in die Samenbildung investieren. Trotz alledem werden viele, die sich zwar eigentlich zu den Bequemen zählen, auf dieses Feuerwerk an Blüten nicht verzichten wollen und die Auswahl ist groß.

Achten Sie beim Anlegen eines Sommerblumenbeetes aber unbedingt auf die unterschiedlichen Wuchshöhen der Pflanzen. Nur bei einer vorausschauenden, guten Planung kommen alle Pflanzen wirklich zur Geltung.

Zweijährige Sommerblumen

Manche Sommerblumen benötigen eine Vorkultur – bei ihnen ist es sinnvoll, fertige Jungpflanzen beim Gärtner zu kaufen. Auf einige kann man nicht verzichten:

- **Bartnelke** *(Dianthus barbatus)* – Duft pur und eine Pflanze, die dank Selbstaussaat alle Jahre wiederkommt; kein Schneckenproblem!
- **Fingerhut** *(Digitalis sp.)* – auch hier kann der Naturgärtner kaum vorübergehen. An einer halbschattigen Stelle wird sich der Fingerhut selbst aussäen und zum Stammgast werden. Kaum Schneckenprobleme! Vorsicht, giftig!
- **Goldlack** *(Erysimum cheiri)* – wunderschön und duftend, aber leider empfindlich. Starke Fröste vernichten die Pflanzen und die Schnecken widerstehen dem Leckerbissen auch nicht.
- **Königskerze** *(Verbascum sp.)* – an trockenen, sandigen Stellen sorgen Königskerzen für mächtige Farbkleckse. Auch hier hat der faule Gärtner einen treuen Begleiter – die Pflanze sät sich immer wieder selbst aus. Schnecken sind kein Problem.
- **Stiefmütterchen** *(Viola-Hybriden)* – eine traditionellere Gartenpflanze, die in Kombination mit Tulpen und Narzissen in ein Frühlingsbeet gehört; manchmal Probleme mit Schnecken. Empfehlenswert auch das verwandte Hornveilchen *(Viola cornuta)*.
- **Vergissmeinnicht** *(Myosotis sp.)* – ein besonders robuster Begleiter im Naturgarten. Keine Probleme mit Schädlingen und wie Stiefmütterchen fast ein Muss im Frühlingsgarten in Kombination mit Tulpen und Narzissen.

Sommerblumen – mit wenig Mühe

- **Jungfer im Grünen** *(Nigella damascena)* – eine Sommerblume für Faule, denn ein Vorziehen ist nicht nötig: Samen ausstreuen und die bizarren Blüten und Samenstände werden alle begeistern. Schnecken lassen die Jungfer im Grünen links liegen.

- **Löwenmaul** *(Antirrhinum majus)* – passt gut in den Gemüsegarten als Beetabschluss, ist sehr robust und „schneckenfest".

- **Ringelblume** *(Calendula officinalis)* – die Faulenzerpflanze schlechthin. Einmal Ringelblumen, immer Ringelblumen. Die Pflanze sät sich selbst aus. Manchmal mag sie fast zu üppig werden, doch öffnet sie erst ihre orangegelben Blüten, ist sie meist willkommen. Von Schnecken werden meist nur nicht so widerstandsfähige, drinnen vorgezogene Pflanzen befallen.

- **Schmuckkörbchen** *(Cosmos bipinnatus)* – eine ganz herrliche Sommerblume, die bloß ausgesät werden muss und viele Wochen für Blütenfülle sorgt. Ab und zu sollte Abgeblühtes entfernt werden, um eine neue Blütenbildung zu fördern. Schnecken sind kein großes Problem.

- **Sommerazalee** *(Godetia sp.)* – ein guter Lückenbüßer und sehr einfach zu ziehen. Am besten setzt man Pflänzchen.

- **Sonnenblume** *(Helianthus sp.)* – die Lieblingspflanze vieler Naturgärtner. Bei nährstoffreicher Erde kaum zu bremsen. Aufpassen heißt es auf die Schnecken – sie haben Sonnenblumen zum Fressen gern ... Verblühte Blüten im Spätsommer nicht abschneiden: Sie sind Nahrung für die Vögel!

- **Strohblume** *(Helichrysum sp.)* – eignet sich, wie der Name sagt, zum Trocknen. Die Pflanzen sind nicht die große Attraktion, versuchen sollte man sie trotzdem.

- **Wilde Malve** *(Malva sylvestris)* – in naturnahen Gärten ein Muss. Da manche Sorten sich selbst aussäen, können sie zum Problem werden. Aber wer die Pflänzchen gezielt entfernt, hat treue Begleiter über viele Jahre.

- **Zinnie** *(Zinnia sp.)* – eine alte Bauerngartenpflanze, die als Schnittblume im Sommer beliebt ist. Leider nicht nur bei uns, sondern auch bei den Schnecken. Also Vorsicht!

Foto: fotolia.de/LianeM

Froschgoscherln oder Löwenmaul *(Antirrhinum majus)* locken Kinder zum Spiel und sind robust gegen Schnecken.

Der prächtige Rosengarten

Foto: www.verlagsbuero-garten.at

Gute Partnerschaft und ein Blütentraum – Rosen und Clematis

Rosen zählen weltweit zu den beliebtesten Kulturpflanzen. Seit Jahrhunderten werden sie in unzähligen Sorten gezüchtet. Ob als stolze Edelrose, als vielblütige Polyantharose, als Zwergrose oder als Kletter- und Strauchrose.

Rosen gibt es für alle Gelegenheiten. Und jedes Jahr kommen neue Sorten hinzu. Der Trend geht seit einiger Zeit wieder verstärkt zu den Alten Rosen mit ihren großen Blüten und dem schweren Duft.

Ansprüche und Pflanzzeit

Rosen benötigen einen möglichst sonnigen Standort in luftiger Umgebung. Der Boden sollte tiefgründig sein, bei einem schweren Boden sollte etwas Sand beigefügt werden. Kompostierter Rindermist als Humuslieferant gehört ebenfalls ins Pflanzloch und auch Hornspäne als Startdünger für die ersten Monate sollen nicht fehlen.

Die beste Pflanzzeit ist der Herbst, aber auch das ganze Jahr über, außer während starker Frostperioden, können Rosen dank der Kultur in Töpfen gesetzt werden. Im Winter müssen sie geschützt werden. Wer also im Herbst pflanzt, häufelt mit Erde an und deckt mit Reisig ab.

Ideal für Faule: Wildrosen

Apfelrose *(Rosa villosa)* oder Hundsrose *(Rosa canina)* sind nur zwei der Wildrosen, die keinerlei Pflege benötigen.
In Randbereichen des Gartens sorgen sie alljährlich für ein Blütenfeuerwerk. Die Apfelrose verströmt dazu noch einen betörenden Duft, die Hagebutten enthalten ungewöhnlich viel Vitamin C!

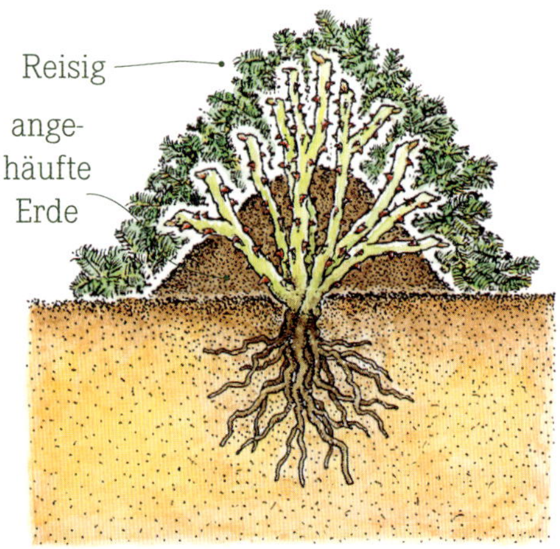

Mit Erde und Reisig werden die Rosen im Winter vor Frösten geschützt.

Foto: iStockphoto.com/JoeClemson

Herbst/Winter
Rosen gehen ungeschnitten in den Winter. Nur wirklich störende Triebe werden eingekürzt.

März/April
Jetzt beginnt der tatsächliche Rosenschnitt – je später, desto besser. Wächst eine Rose schwach, wird sie stark geschnitten, wächst sie stark, schneidet man zurückhaltend.

Juni/Juli
Wer rechtzeitig Verblühtes entfernt, wird bei vielen Rosen eine Nachblüte erleben. Wildrosen bleiben ungeschnitten.

Pflegeleichte Rosen

- **Alte Rosen**
  'Donau' – Ramblerrose, fliederfarben, stark wachsend, Maiblumen-ähnlicher Duft
  'Mme. Alfred Carrier' – Kletterrose, weiß, stark duftend
  'Mme. Pierre Oger' – Beetrose, rosa, starker Duft
- **Beetrosen**
  'Bonica' – rosa
  'Montana' – rot
- **Edelrosen**
  'Burgund 81' – knallrot
  'Cherry Brandy' – orange
  'Gloria Dei' – hellgelb
  'Kardinal König' – rot
  'Pascali' – weiß
  'Queen Elisabeth' – rosa
- **Englische Rosen**
  'Abraham Darby' – Strauchrose, gelb/rosa
  'Charles Austin' – Strauchrose, aprikose mit Gelb
  'Molineux' – Beetrose, sattgelb
- **Kletterrosen**
  'Ghislaine de Féligonde' – zuerst lachsrosa, dann gelb und im Verblühen blass hellgelb
  'New Dawn' – rosa
  'Super Excelsa' – karminrosa
- **Strauchrosen**
  'Dirigent' – blutrot
  'Ferdy' – Kleinstrauchrose (bis 80 cm), idealer Bodendecker
  'Karl Ploberger Rose' – sonnengelb
  'Westerland' – hellgelb mit Orange

Schnippel – schnippel: der richtige Schnitt

Beim Rosenschneiden scheiden sich die Geister: Die einen sagen, Rosen sind kleine Sträucher und sollten es auch bleiben, die anderen sehen sich durch wissenschaftliche Untersuchungen bestätigt, die besagen: Je radikaler der Rückschnitt, desto gesünder die Pflanzen – sie „wachsen sich gesund".

Egal, welche Variante Sie wählen, eines gilt immer: Das oberste Auge muss außen liegen; im Inneren des Rosenbusches sollte darauf geachtet werden, dass Licht und Luft hineinkönnen. Das hilft, Krankheiten zu vermeiden.

Der duftende Begleiter: Lavendel

Lavendel *(Lavandula angustifolia)* ist mit Sicherheit einer der bewährtesten und schönsten Begleiter für Rosen aller Art. Einerseits, weil der Geruch des Lavendels die Blattläuse vergrämt, andererseits bilden sein silbriges Laub und die dunkelblauen Blüten optisch eine ideale Partnerschaft mit den Farben der Rosen.

Beachten Sie aber: Lavendel darf nie zu nahe an die Rosenstöcke herangepflanzt und muss jedes Jahr kräftig zurückgeschnitten werden, am besten sofort nach der Blüte. Nur kompakte Stöcke sind ideale Partner; sind sie zu groß, ersticken sie die Rosen.

Foto: fotolia.de/lazysunbathers

In durchlässiges Erdreich gepflanzt ist Lavendel ein guter Hofstaat für die Königin der Blumen.

7 Schritte zu schönen Rosen

1. Der Standort sollte warm, aber nicht heiß, luftig, aber nicht zugig sein. Rosen mögen tiefgründigen Boden ohne Staunässe. Erde mit Kompost verbessern. Niemals Rosen setzen, wo bereits Rosen standen.
2. Beim Pflanzen Wurzeln schneiden, Triebe zurücknehmen. Die Veredelung sollte zwei Fingerbreit in den Boden. Sowohl bei der Herbst- als auch bei der Frühjahrspflanzung anhäufeln!
3. Zweimal düngen ist genug: Im Pflanzjahr nach der ersten Blüte, in den folgenden Jahren im April und nach der ersten Blüte. Keinesfalls später.
4. Rosen nur beim Anpflanzen und im ersten Jahr bei sehr trockenem Wetter gießen. Später auf Wässern völlig verzichten.
5. Schädlinge – vor allem Blattläuse – nur mit nützlingsschonenden Spritzmitteln bekämpfen. Krankheiten durch richtige Sortenwahl verhindern. Sauberkeit bei Rosenrost und Sternrußtau: Im Herbst möglichst alle Blätter entfernen – nicht auf den Kompost! Vorbeugend mit Schachtelhalmtee spritzen.
6. Beim Schnitt im ersten Jahr nur Verblühtes entfernen. Später Beet- und Edelrosen stark (auf 15–20 cm) zurückschneiden. Bei Strauchrosen etwa 1/3 ausschneiden. Kletterrosen kaum schneiden.
7. Für den Winterschutz die Rosen nur anhäufeln. Reisig ist nicht unbedingt notwendig. Hochstammrosen am besten umlegen und eingraben.

Rund um das
Reich des Neptun

Foto: www.verlagsbuero-garten.at

Nicht nur im Teich, sondern auch rund um ihn sollte die Bepflanzung stimmen. Nur dann wird ein Biotop zu einem Teil der Natur.

Der Teich ist eine Naturoase im Garten. Wie er anzulegen ist, wurde bereits beschrieben. Doch auch das „Drumherum" muss im Garten für intelligente Faule stimmen.

Ein Teich in der Natur und ein Folienteich im Garten unterscheiden sich ganz wesentlich, was die Umgebung betrifft. Folien verhindern das Durchnässen des Bodens, daher ist es meist rund um den künstlich angelegten Teich sehr trocken. Dennoch lassen sich viele Pflanzen so arrangieren, dass ein möglichst naturnaher Gesamteindruck entsteht. Teiche sollen nicht in öden Steinwüsten liegen, sondern, wie in der Natur, in üppiges Grün eingebettet werden. Die passenden Pflanzen dafür findet man in Hülle und Fülle: Gräser oder kleine Gehölze, Blumenzwiebeln oder Moosflächen.

Pflanzen um den Gartenteich

Bäume und Sträucher sind die Kulisse des Gartens. Abhängig von der Größe ist auch die Auswahl an Bäumen zu treffen.

Attraktive Gehölze

Manche Bäume – wie **Weiden** – lassen sich durch Schnitt klein halten. Deshalb gehören die typischen Kopfweiden in einer Gruppe von drei bis fünf Pflanzen, je nach Grundstücksgröße, unbedingt zum Teich.

Besonders geeignet sind die Weidenarten *Salix alba, S. viminalis, S. fragilis*.

Bei **Birken** *(Betula sp.)*, **Erlen** *(Alnus sp.)*, **Haselnuss** *(Corylus avellana)* heißt es aufpassen. Sie wachsen sehr stark und bringen mit dem vielen Laub oft viel Arbeit mit sich.

Sehr attraktiv sind dagegen viele **Ahornarten**, ob japanisch, rotlaubig oder geschlitztblättrig. Sie zaubern eine ganz besondere Stimmung.

Stauden und Gräser

Die eigentlichen und wirkungsvollsten Begleiter des Teiches sind die Stauden. Diese Pflanzen, bei denen nur der Wurzelstock überwintert und deren oberirdischen Teile in der kalten Jahreszeit vollständig einziehen, gibt es in einer solchen Artenvielfalt, dass eine Auswahl schwerfällt.

Genannt seien: Frauenmantel *(Alchemilla mollis)*, Astilben *(Astilbe sp.)*, Bergenie *(Bergenia cordifolia)*, Glockenblumen *(Campanula sp.)*, Elfenblumen *(Epimedium sp.)*, Mädesüß *(Filipendula ulmaria)*, Funkien *(Hosta sp.)*, Ligularien *(Ligularia sp.)*, Katzenminze *(Nepeta × faassenii)*, Primel *(Primula sieboldii)*, Krötenlilie *(Tricyrtis hirta)*, Ehrenpreis *(Veronica longifolia)*.

Wie geschaffen für den Teichrand sind freilich Gräser: Zittergras *(Briza media)*, Seggen-Arten *(Carex sp.)*, Chinaschilf *(Miscanthus sp.)*, Lampenputzergras *(Pennisetum compressum)*, Bambus *(Sinarundinaria murielae)*.

Foto: www.verlagsbuero-garten.at

Gräser, Stauden, aber auch Bäume und Sträucher bilden den entsprechenden Rahmen für jeden Teich.

Die dekorativsten Balkonblumen

Die Pflanzsaison beginnt für fast alle Balkonblumen Anfang bis Mitte Mai. Die Regel, frostempfindliche Pflanzen nicht vor den Eisheiligen zu setzen, gilt als Richtwert. An manchen Orten kann es schon lange davor schöne warme Tage geben oder aber auch noch danach eine kalte Frostnacht.

Kleiner Garten in luftiger Höhe

Pflanzen Sie alle Blumen genau so tief, wie sie im ursprünglichen Topf waren. Hängende Pflanzen, wie beispielsweise Hänge-Pelargonien, sollten an den vorderen Rand des Kistchens gesetzt werden, und zwar ein wenig schräg, sodass die Pflanzen leichter nach unten wachsen können.

Das Um- und Einpflanzen bedeutet für alle Pflanzen einen Schock, daher sollten sie in den ersten Tagen auch besonders sorgfältig gepflegt werden. Nach einem ersten Angießen dürfen die fertig bepflanzten Blumenkästen nicht sofort in die pralle Sonne. Ein Plätzchen im Halbschatten ist für zwei, drei Tage ideal. Gegossen wird in dieser Zeit nicht zu viel, sodass es nicht zu Staunässe kommen kann.

Richtiges Gießen

Ein heißer Sommer und es heißt gießen, gießen und nochmals gießen! In den Balkonkästen ist kaum Platz für Erde und damit kaum eine Möglichkeit, Wasser zu speichern. Oft ist es daher notwendig, nicht nur einmal am Tag, sondern sogar morgens und abends zu gießen. Regenwasser ist auch für diese Pflanzen das Beste. Vielleicht besteht bei Ihrem Balkon oder Ihrer Terrasse die Möglichkeit, eine Dachrinne „anzuzapfen" und dieses „weiche" Wasser in einem Fass zu sammeln. Wenn keine Möglichkeit für einen

Nur keine Eile!

Mit Balkonblumen, die aus dem Winterquartier geholt werden, muss man vorsichtig umgehen: Sie sind geschwächt und vertragen ein, zwei Wochen lang überhaupt keine Sonne. Die Pflanzen sollten auch nicht sofort umgesetzt werden. Schneiden Sie sie zunächst zurück und warten Sie, bis sich einige junge Blätter zeigen. Erst dann kommen die Pflanzen wieder in frische Erde. Besonders Fuchsien können durch Rückschnitt und gleichzeitiges Umtopfen so geschwächt werden, dass sie absterben.

Foto: fotolia.de/d-jukic

Pelargonien, auch Geranien genannt, zählen zu den Klassikern unter den Sommerblumen – sie sind robust, anspruchslos und in zahlreichen Sorten zu haben.

Foto: Wimmer

Surfinien blühen bei ausreichender Düngung den ganzen Sommer, besonders attraktiv in Hanging Baskets.

So wird richtig gedüngt

Ein Langzeitdünger, in die Pflanzerde gemischt, erspart in den ersten Wochen viel Mühe. Als organischer Dünger sind Hornspäne ideal. Wer herkömmlich gärtnert, verwendet die neuen Dünge-„Kügelchen“ mit Depotwirkung, die abhängig von der Temperatur die Nährstoffe über drei bis vier Monate hinweg an die Pflanzenwurzeln abgeben, ohne dass die Gefahr einer Überdüngung besteht.

Regenwasserspeicher besteht, dann sollte dennoch ein Fass oder ein größerer Kübel aufgestellt werden, darin normales Leitungswasser gesammelt und für einige Tage erwärmt und damit „belebt“ werden. Sehr einfach in der Konstruktion sind auch Blumenkästen mit einem Wasserspeicher. Bei diesen sollte man aber in den ersten Wochen nach dem Bepflanzen (besonders bei regnerischem, kühlem Wetter) vorsichtig sein, da es leicht zu Fäulnis an den Wurzeln kommen kann.

Bester Zeitpunkt

Vor allem an heißen Tagen ist der Abend der beste Zeitpunkt zum Gießen. Dann haben die Pflanzen über Nacht Zeit, Kraft zu tanken. Allerdings sollten die Blätter nicht benetzt werden, da sonst Pilzerkrankungen drohen.

Blumenkästen mit einem Wasserspeicher sind besonders bequem. Allerdings sollte das Wasser erst nach dem Einwachsen der Pflanzen im Vorratsbehälter bis zum Maximum gefüllt werden.

Balkonblumen für jedes Plätzchen

Name	Blütezeit	Standort	Überwintern
Blaue Mauritius *(Convolvulus sabatius)*	V–X	○	Triebe stark zurückschneiden und kühl und relativ trocken stellen; ab März antreiben
Buntnessel *(Solenostemon scutellarioides,* früher *Coleus-Blumei-Hybriden)*	Blattpflanze	○ ◑	Sogar im Zimmer möglich
Dahlien *(Dahlia sp.)*	VII–X	○	Knollen an einem kühlen Ort aufbewahren
Eisenkraut *(Verbena tenera)*	VI–X	○	Nicht sinnvoll
Fächerblume *(Scaevola aemula)*	IV–X	○ ◑	Nicht sinnvoll
Fleißiges Lieschen *(Impatiens walleriana, I. Neu-Guinea*-Hybriden*)*	V–X	◑ (○)	Nicht sinnvoll
Fuchsien *(Fuchsia*-Hybriden*)*	V–X	◑	Hell bei etwa 10 °C, dunkel bei etwa 5 °C, im Frühjahr Rückschnitt und erst nach dem Antreiben umpflanzen
Geranie/Pelargonie *(Pelargonium sp.)*	V–X	○ ◑	Bei kühlem, hellem Platz leicht möglich
Goldmarie/Goldfieber *(Bidens ferulifolia)*	V–X	○	Nicht sinnvoll
Kapuzinerkresse *(Tropaeolum majus)*	VI–X	○ ◑	Nicht möglich
Knollenbegonie *(Begonia*-Hybriden*)*	V–X	◑	Knollen an einem kühlen Ort aufbewahren
Leberbalsam *(Ageratum houstonianum)*	V–X	○ ◑	Nicht möglich
Männertreu *(Lobelia erinus)*	V–VIII	○ ◑	Nicht möglich
Mottenkönig/Weihrauchblume/ Elfengold *(Plectranthus coleoides)*	Blattpflanze	○ ◑	Hell und kühl, aber meist nicht sinnvoll
Pantoffelblume *(Calceolaria integrifolia)*	V–IX	◑	Nicht sinnvoll
Petunie und **Japanische Petunie** *(Petunia*-Hybriden und *Surfinia*-Hybriden*)*	V–IX	○	Nicht möglich
Studentenblume *(Tagetes erecta, T. patula* 'Nana'*)*	V–X	○ ◑	Nicht möglich
Vanille *(Heliotropium arborescens)*	V–IX	○	Nicht empfehlenswert
Ziertabak *(Nicotiana sanderae)*	VII–IX	○	Nicht möglich

sonnig = ○, halbschattig = ◑, schattig = ●

Pflanzen für Vitaminbeete

Die Vitamine „live" aus dem Garten holen – gibt es etwas Schöneres?

Wer einen Gemüsegarten anlegen will, muss nur vorweg eine wichtige Entscheidung treffen: Soll der Garten so groß sein, dass er eine ganze Familie ernährt, oder soll er nur den Sommer über eine „Vorratskammer für frische Vitamine" sein? Wer Ersteres will, kann dieses Buch wieder zur Seite legen – das ist nichts für Faulenzer. Alle anderen aber erfahren hier das Wichtigste.

Vitaminbeete: So entstehen sie

Ein sonniges Plätzchen, gute, tiefgründig gelockerte Erde – und schon kann's losgehen. Wer direkt ins Gemüsebeet sät, sollte eine wichtige Regel niemals vergessen: „Wer früh sät, wird spät ernten." Denn für die Pflanzen ist nichts schlechter als ein kalter Start ins Leben.

Viele Gemüsepflanzen können gar nicht direkt im Freiland angebaut werden, sie müssen auch vom Profi „vorgezogen" werden. Wer das spannende Erlebnis des Wachsens und Gedeihens miterleben will, soll es bei Tomaten und Gurken einmal auf dem Fensterbrett oder im Minigewächshaus probieren; alle anderen Pflanzen, wie zum Beispiel Salat, Kohlrabi und andere, kauft man aber am bequemsten vorgezogen beim nächsten Gärtner.

Foto: fotolia.com/Jérôme SALORT

Eigenes Gemüse ernten, ist nicht ganz so bequem, aber ein ganz besonderer Genuss. Auch hier gibt es Arbeitserleichterungen.

Saatband

„Packung ergibt 1000 Pflanzen!" So steht es auf den Samentüten zu lesen und so manchem Laien kommen Zweifel. Vor allem dann, wenn die Samenkörner nur staubkorngroß sind. Werden sie dann zu dicht gesät, kommen statt der tausend nur einige Dutzend Pflanzen hoch. Abhilfe schafft das Saatband. Hier werden die Samen im richtigen Abstand in einem Papier eingeklebt. Der Hobbygärtner muss nun nur noch die richtige Saattiefe einhalten. Viele Firmen bieten bereits Saatbänder mit Mischungen an, z.B. Kräuter oder Duftpflanzen.

Foto: Ploberger

Saatbänder sind die einfachste Möglichkeit, das Saatgut im richtigen Abstand in die Erde zu bringen.

Geschützte Tomaten

Tomaten benötigen zum gesunden Wachsen Sonne, Wärme und Regenschutz. Daher sollte das Tomatenbeet so angelegt werden, dass es den ganzen Tag in der Sonne steht. Das Dach (aus Glas oder Folie) leicht schräg nach hinten neigen und auch die Rückwand mit Folie oder Glas verkleiden. Gepflanzt wird in gut gedüngte Erde (Kompost, Hornspäne). Die Pflanzen an Schnüren oder Stäben hochziehen und immer ausgeizen, d.h. sämtliche Seitentriebe aus den Blattachseln entfernen (Abbildung Mitte).

Nicht vergessen: Den Boden gut mit Rasenschnitt mulchen – so bleibt er feucht!

Das darf im Vitamingarten nicht fehlen

- Auberginen
  (Solanum melongena) – braucht viel Wärme und nahrhaften Boden.
- Bohnen
  (Phaseolus vulgaris) – Vorsicht, es gibt Busch- und Stangenbohnen; sie gedeihen auf fast allen Böden.
- Erbsen
  (Pisum sativum) – es gibt Palerbsen, Markerbsen und Zuckererbsen; sie gedeihen fast überall, weil sie sich (wie die Bohnen) „den Boden selbst düngen".
- Gurken
  (Cucumis sativus) – es gibt sehr viele Sorten; wählen Sie eine wenig krankheitsanfällige.
- Karotten
  (Daucus carota ssp. sativus) – auch hier gibt es viele unterschiedliche Sorten; die neuen Sorten sind schädlingsresistent.
- Kartoffeln
  (Solanum tuberosum) – sind die Pioniere in einem neu angelegten Garten und gehören einfach zum Probieren dazu.
- Kohl
  (Brassica oleracea) – so weit das Auge reicht: Weißkohl, Brokkoli, Kohlrabi, Sprossenkohl. Alle lieben humosen, nährstoffreichen Boden.
- Paprika
  (Capsicum annuum) – liebt warmen, sonnigen Platz und humose, lockere Erde.
- Radieschen
  (Raphanus sativus var. sativus) – typische Einsteigerpflanze für Hobbygärtner.
- Rhabarber
  (Rheum rhabarbarum) – darf in keinem Garten fehlen, denn er liefert das erste frische Kompott.
- Salate
  (Lactuca sativa) – das Wichtigste überhaupt: Wählen Sie neben dem Kopfsalat den Feldsalat und vor allem Schnittsalat. Besonders robust sind Rauke oder Rucola.
- Spinat
  (Spinacia oleracea) – zählt zu den wichtigsten Pflanzen im Biogarten, weil sie die ideale Mischkulturpflanze ist.
- Tomaten
  (Lycopersicon esculentum) – gibt es in vielen Sorten, Größen und Formen; unbedingt unter Glas- oder Foliendach ziehen, sonst kommt es zu Braunfäule.
- Zucchini
  (Cucurbita pepo) – benötigt sehr viele Nährstoffe, am Fuß eines Komposthaufens ist der ideale Platz (obenauf wird die Erde zu sehr ausgelaugt).
- Zuckermais
  (Zea mays) – die Trendpflanze; braucht sehr nahrhaften Boden.
- Zwiebeln
  (Allium cepa) – nicht bloß die normale Zwiebel anbauen, sondern auch Lauch oder Porree, Schalotten und natürlich Knoblauch *(Allium sativum)*; alle lieben humosen, lockeren und warmen Boden.

Pflanz- und Erntetabelle für die besten Gemüsearten

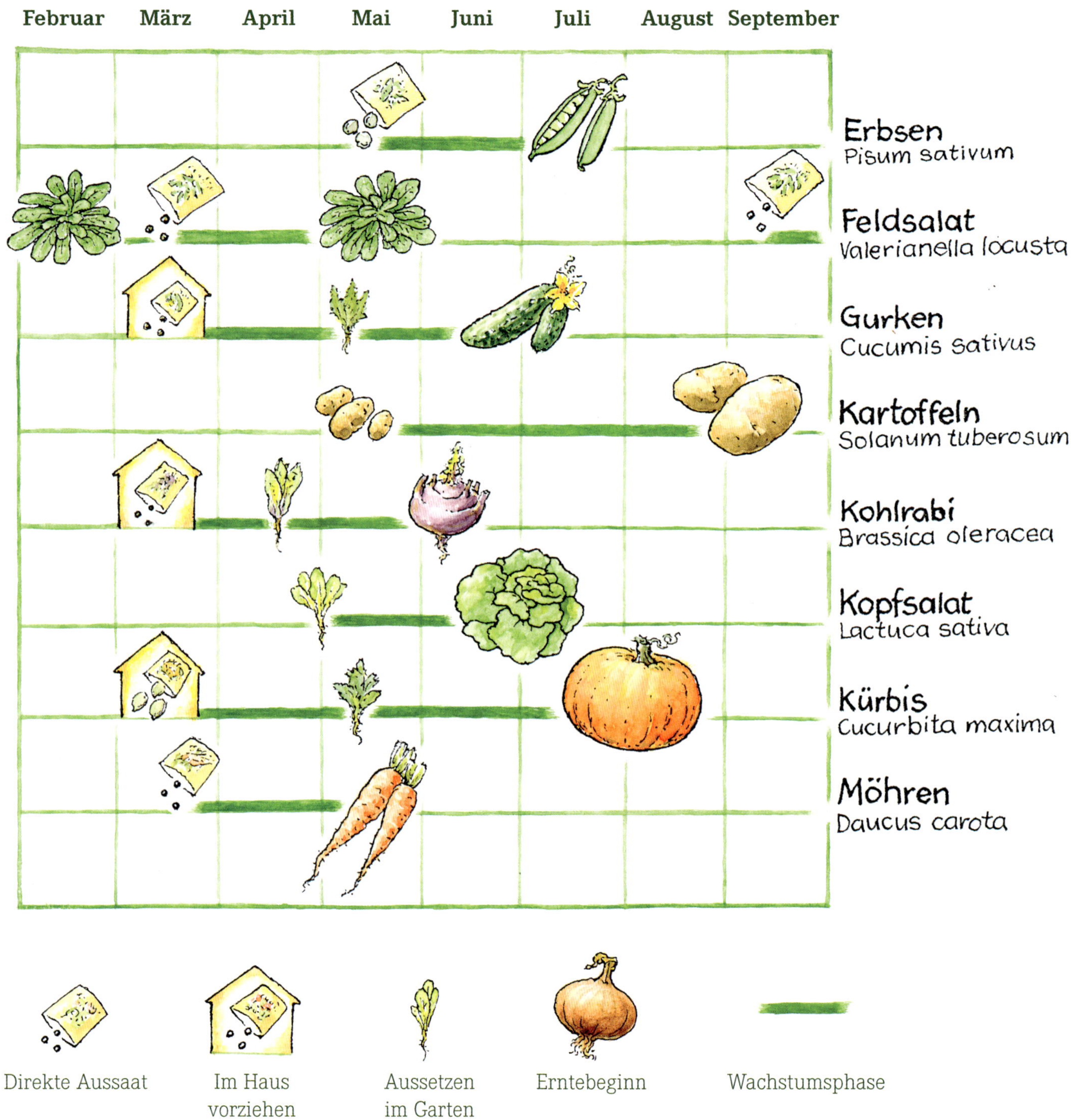

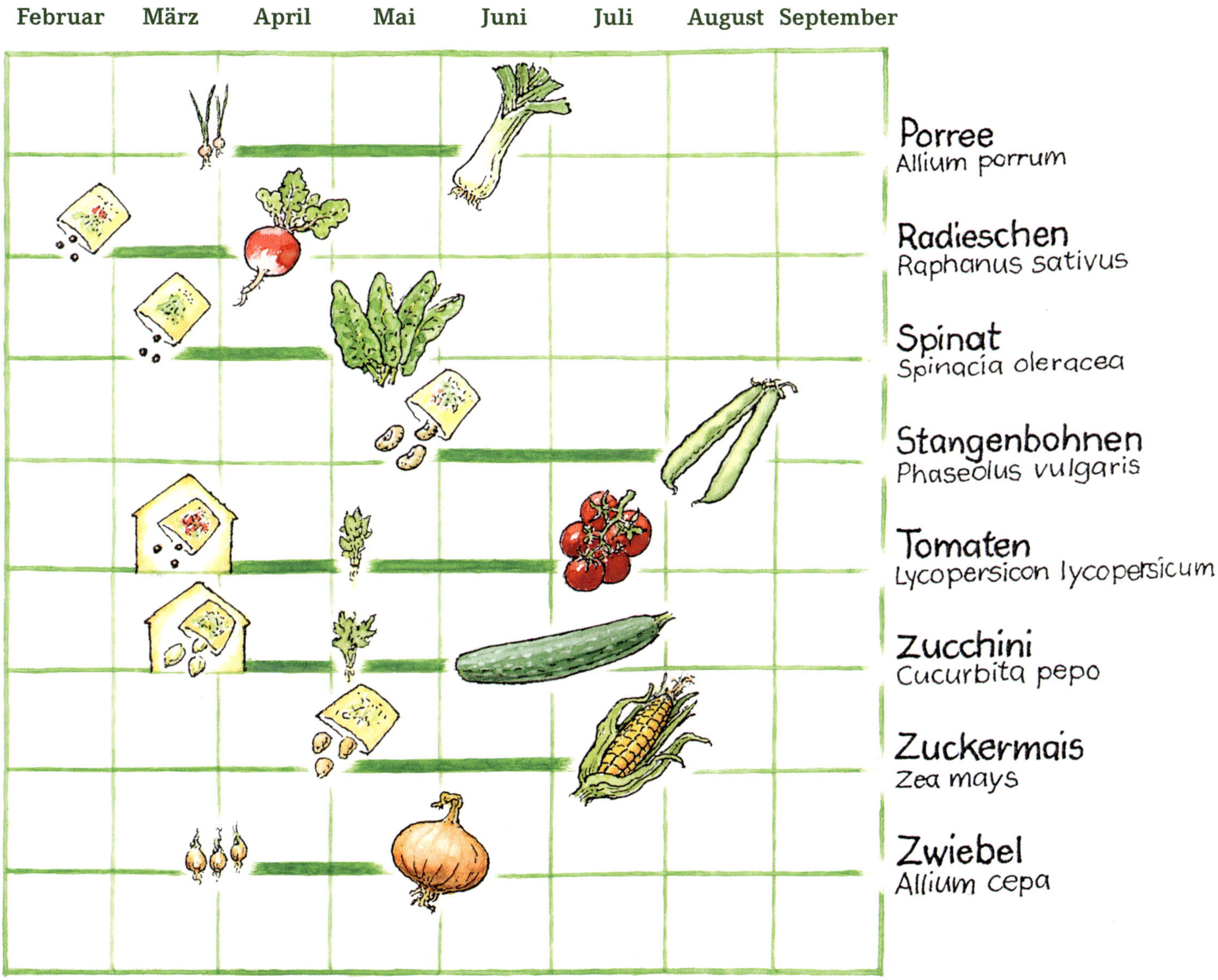

Gemüsegärten lohnen sich immer, denn wer möchte wohl auf die frischen Vitamine aus dem Garten verzichten? Die Tabelle zeigt, wann welches Gemüse ausgesät oder gepflanzt werden muss und wann mit einer Ernte gerechnet werden kann. Beachten Sie, dass viele Gemüsesorten extrem wärmebedürftig sind. Sie müssen daher entweder im Haus vorgezogen oder als Jungpflanzen gekauft und nach den Eisheiligen (Mitte Mai) im Garten ausgepflanzt werden.

Pflanzen für Naschkatzen

Beerensträucher sind in meinem Garten Erfrischungsstationen und gleichzeitig Vitaminspender: Ob Erdbeere, Himbeere oder Johannisbeere, ob Stachelbeere oder Brombeere – die saftigen Früchte eignen sich zum Naschen, lassen sich hervorragend einfrieren, und wir erinnern uns auch noch an kalten Wintertagen an die schönen Sommertage.

Jede Beerenart hat ihre spezielle Kulturform und stellt ganz besondere Ansprüche an Boden und Standort.

Erdbeeren – die süßesten Früchte

Die Erdbeere ist die wohl am meisten angebaute Beerenfrucht und wächst besonders leicht und unproblematisch. Erdbeeren werden immer drei Jahre auf einem Beet kultiviert, daher muss der Boden gut vorbereitet werden.

Foto: Wimmer

Heidelbeeren sind ideal für alle intelligenten Faulen: Sie machen über Jahre hinweg keine Mühe.

Robuste Himbeersorte

In Gärten, in denen die Rutenkrankheit alljährlich die Triebe regelrecht dahinrafft, sollten herkömmliche Himbeeren nicht mehr angebaut werden. Versuchen Sie einmal die Sorte 'Autumn Bliss'.
Die Ernte beginnt zwar erst im August, dauert aber bis zum Oktober. Diese Herbst-Himbeere ist robust und pflegeleicht, denn alle Äste werden im Spätherbst bis zum Boden abgeschnitten.
Im Gegensatz zu den üblichen Himbeeren fruchtet 'Autumn Bliss' auf den einjährigen Trieben. Selbst im Topf lässt sich diese Sorte für einige Jahre ziehen.

Am besten beginnen wir damit schon im Herbst davor. Den Boden lockern, mit Kompost oder biologischem Langzeitdünger (z.B. Hornspäne) versorgen. Die Erdbeeren am besten im August in Reihen pflanzen: Auf einem 100 cm breiten Beet haben zwei Reihen Platz. Der Abstand zwischen den Pflanzen sollte etwa 30 cm betragen. Anschließend mit Grobkompost mulchen, auch Nadelstreu hat sich als Bodenabdeckung bewährt.

Himbeeren – Köstlichkeiten in Augenhöhe

Ziehen Sie Himbeeren am Rand des Gartens in einem Beet, das eine eher „saure Bodenreaktion“ aufweist.

Foto: fotolia.de/Alexander Kuzovlev

Kein Jahr ohne Erdbeeren! Neben den großen Gartenerdbeeren sind auch Monats- und Wiesenerdbeeren sehr beliebt.

Foto: fotolia.de/newa

Wer einmal frische Brombeeren gegessen hat, kann das Naschen nicht mehr lassen.

Beim Anlegen sollte daher schon Rindenhumus und Kompost eingearbeitet werden. Zum Abdecken der Erde verwenden Sie immer Rindenmulch (ca. 10 cm dick auftragen). Diese ständige Bodenfeuchte wirkt sich gut auf das Wachstum der Pflanzen aus. Die Himbeerruten stehen zwischen vier Pflöcken, die mit Draht verbunden sind. Nach der Ernte müssen alle abgetragenen Ruten bodeneben abgeschnitten werden. Auch alle dünnen Äste kommen weg, nur kräftige und gesunde Himbeerruten bleiben stehen.

Der Abstand zwischen den Ruten sollte etwa 20–25 cm betragen. Damit vermindert man die Gefahr der Rutenkrankheit deutlich.

Brombeeren – saftig und robust

Ihr Wachstum betreffend, sind Brombeeren die Giganten unter den Beeren. Hält man einen Brombeerstrauch nicht im Zaum, so wird er innerhalb kürzester Zeit ein wildes Dickicht bilden. Daher sollte auch der Pflanzabstand zwischen den Sträuchern nicht weniger als 3–4 m betragen. Im Herbst werden immer jene Ruten entfernt, die getragen haben.

Eine Bodenabdeckung mit Mulchmaterial soll waldähnliche Verhältnisse schaffen: Rindenmulch, Holzhäcksel oder auch Nadelstreu sind ideal dafür.

Johannisbeeren – sauer macht lustig

Die Johannisbeere oder Ribisel, wie sie in Österreich genannt wird, gehört zu den ältesten Beerenfrüchten im Hausgarten. Selbst in alten Bauerngärten fand man sie bereits. Die Sträucher sollten an einem sonnigen Platz stehen, in einem lockeren und humusreichen Boden. Jährlich im Herbst erhalten die Sträucher verrotteten Stallmist und Kompost als Mulchdecke. Niemals darf im Bereich der Johannisbeeren umgestochen werden. Die Pflanzen wurzeln nämlich sehr flach. Daher ist aber auch im Sommer eine Mulchdecke günstig, denn sie schützt die Erde vor dem Austrocknen.

Und noch ein guter Tipp: Damit sich Ribiseln immer wieder verjüngen, streuen Sie auch Kompost in die Mitte des Strauches. Dort treiben dann frische junge Triebe. Die alten vergreisten Äste werden im Herbst bodeneben herausgeschnitten. So kommt Luft in die Sträucher und die Pflanzen setzen wieder viele Früchte an.

Pflanztipp

Johannisbeeren entwickeln besonders viele Seitentriebe, wenn sie beim Pflanzen etwas tiefer eingegraben werden, als sie in der Baumschule standen.

Foto: fotolia.de/kernel

Stachelbeeren können gelbe oder rote Früchte tragen, in Österreich haben sie eine lange Tradition.

Stachelbeeren – ideal für Naschkatzen

Fast genauso wie Johannisbeersträucher werden Stachelbeeren kultiviert. Sie benötigen ein sonniges Plätzchen, gedeihen aber auch noch im Halbschatten recht gut. Auch hier sollte der Boden mit Rindenmulch abgedeckt werden. Kompost und gut verrotteter Rindermist sind ebenfalls günstige Nährstofflieferanten.

Alljährlich im Herbst sollten ältere Triebe herausgeschnitten werden, die kräftigen Jungtriebe bilden dann wieder viele Früchte aus.

Mehltau führt bei Stachelbeeren oft zu eine Missernte. Im Herbst sollten daher bei befallenen Sträuchern immer die

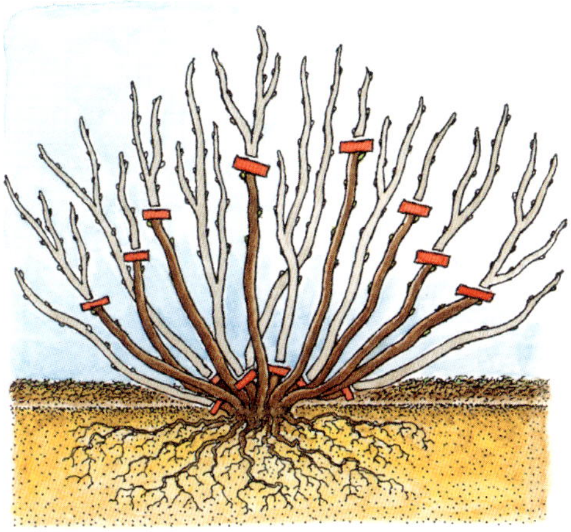

Der fachgerechte Schnitt bei Stachelbeeren fördert den Fruchtansatz

Triebspitzen entfernt werden, denn dort befinden sich die Pilzsporen.

Schon vom zeitigen Frühjahr an sollte die Stachelbeere dann noch mit Schachtelhalmtee gespritzt werden. Die Kieselsäure stärkt die Widerstandskraft der Pflanzen.

Die „Wilden" für den Garten

Besonders pflegeleicht und bequem sind einige Wildgehölze, aus deren Früchten sich köstliche Marmeladen und Liköre machen lassen.

Die bequemeren unter uns können Singvögeln mit solchen Beerengehölzen große Freunde bereiten – sie lieben die wilden Früchte besonders.

Schön und nützlich sind beispielsweise **Kornelkirsche** *(Cornus mas)*, **Schlehdorn** *(Prunus spinosa)*, **Eberesche** *(Sorbus aucuparia)*, **Kartoffelrose** *(Rosa rugosa)* mit wunderbar duftenden Blüten und großen Hagebutten. Ebenso sind **Sanddorn** *(Hippophae rhamnoides)* und **Holunder** *(Sambucus nigra)* uralte Kulturpflanzen. Beim Holunder sollte unbedingt die Sorte 'Haschberg' gewählt werden, die viele Früchte trägt und besonders gleichmäßig reift.

Heidelbeeren – im Trend

Besonders empfehlenswert für alle intelligenten Faulen: Heidelbeeren *(Vaccinium corymbosum)*, genauer Gartenheidelbeeren.

Legt man Heidelbeerbeete richtig an, dann machen sie über Jahre hinweg keine Mühe mehr. Der ideale Zeitpunkt für die Vorbereitungen ist der Herbst. Errichten Sie ein Hochbeet (ca. 50 cm), darin sind für viele Jahre ideale Bodenverhältnisse gegeben.

Es wird zuerst mit Gehölzschnitt oder Rindenmulch, dann mit einer Mischung aus Lauberdekompost, Rindenhumus und sehr grobem Torf befüllt. Obenauf kommt noch eine Schicht Rhododendron-Erde und abgedeckt wird mit Rindenmulch.

Die jungen Pflanzen werden kräftig wachsen und schon im zweiten Jahr viele Beeren tragen.

So bauen Sie ein Hochbeet für Gartenheidelbeeren: Ganz unten kommt grober Gehölzschnitt oder Rindenmulch; darauf halb reifer Laubkompost und eine Mischung aus grobem Torf und Rindenhumus. Oben handelsübliche Rhododendron-Erde.

Pflanzen für **Duftgärten**

Mit dem Duft verbindet jeder Mensch ganz besondere Erinnerungen. Der erste Frühlingstag mit seinem frischen Geruch der wieder erwachenden Natur, das betörende Parfum der Rosen an einem Frühsommertag und der Herbsttag, der mit dem modrigen Geruch das Ende des Gartenjahres einläutet.

Duftgärten können für Faulenzer gleich mehrere Anreize haben: Einerseits ist der Geruch vieler Pflanzen wie eine Droge, die einen im Garten hält – da macht sogar Unkrautjäten Freude. Andererseits sind viele Duftpflanzen ideale Helfer bei der Schädlingsbekämpfung. Man denke nur an den Lavendel, dessen Geruch Blattläuse an den Rosen vergrämt. Oder an den Knoblauch, dessen scharfer Geruch sogar lästige Pilzkrankheiten an den Erdbeeren zu bekämpfen hilft. Die Hauptrolle im Duftgarten spielen natürlich die Kräuter, daneben gehören aber auch die Rosen (siehe „Rosengarten") und einige besondere Gehölze dazu.

Foto: Wimmer

'Lady Plymouth' nennt sich diese Duftpelargonie, die – so die Experten – einen „zimtigen Rosenduft" verströmt. Eine Pflanze für Auge und Nase!

Ein Gehölz, das immer wieder im herbstlichen Garten für Überraschung sorgt, ist der Lebkuchenbaum *(Cercidiphyllum japonicum)*. Dieser an sich nicht blühende Baum verliert seine Blätter und im Zusammenwirken mit einem Pilz beginnt das modrige Laub intensiv nach Lebkuchen zu duften. Der Baum ist weder anspruchsvoll noch schädlingsanfällig.

Sonnenkinder

Die Kräuterecke ist eine Duftoase im Garten. Sie liefert nicht nur köstlich Aromatisches für die Küche, sie ist auch die „Apotheke“ des Gärtners – schon seit Jahrhunderten. Alle Küchen- und Heilkräuter sind „Sonnenkinder“, denn fast alle diese Gewächse haben ihre Heimat in südlichen Regionen. Nur wenn ausreichend Wärme und Licht zur Verfügung stehen, bilden sich die heilenden und würzenden Substanzen in großen Mengen. An den Boden stellen die Kräuter keine hohen Ansprüche. Manche lieben einen eher trockenen Standort, manche eher einen feuchten. Gerade bei Kräutern sind die Hinweise auf die Bodenverhältnisse aber nur Richtwerte, denn diese Pflanzen sind äußerst genügsam und passen sich schnell den Gegebenheiten an. Je karger der Boden aber ist, desto intensiver sind die Inhaltsstoffe, also die heilenden oder würzenden Substanzen.

Der Kräutertopf

Nicht jeder will und kann gleich einen ganzen Gartenteil für Kräuter verwenden. Besonders dekorativ sind in einem solchen Fall Kräutertöpfe. Diese großen Tontöpfe, bei denen seitlich Öffnungen wie kleine Balkone angeordnet sind, lassen sich mit einer Vielzahl von Kräutern bepflanzen. Feuchtigkeitsliebende Kräuter, zum Beispiel Minzen, sollten eher im unteren Bereich angeordnet werden. Trockenheitsliebende Kräuter, z. B. Thymian oder Basilikum, kommen in den oberen Bereich. Wer schon beim Einfüllen der Erde die Vorlieben der Pflanzen berücksichtigt, hat später weniger Mühe. Also: feuchtigkeitsliebende Pflanzen in mehr Humus, trockenheitsliebende Pflanzen in Erde mit größerem Sandanteil setzen. Wer noch mehr auf Zierde Wert legt, sollte obenauf eine Duftpelargonie platzieren.

Kräutertopf bepflanzen

Da es schwierig ist, die Kräuter durch die kleinen Topföffnungen zu bringen, wickelt man sie zuerst fest in Zeitung, zieht sie damit „gebündelt“ durch und entfernt anschließend das Papier.
So werden Wurzeln und Blätter kaum verletzt.
Geeignete Pflanzen: Schnittlauch, Petersilie, Basilikum, Thymian, Liebstöckel, Minzen (neigen zum Wuchern!), Schnittknoblauch, Rosmarin

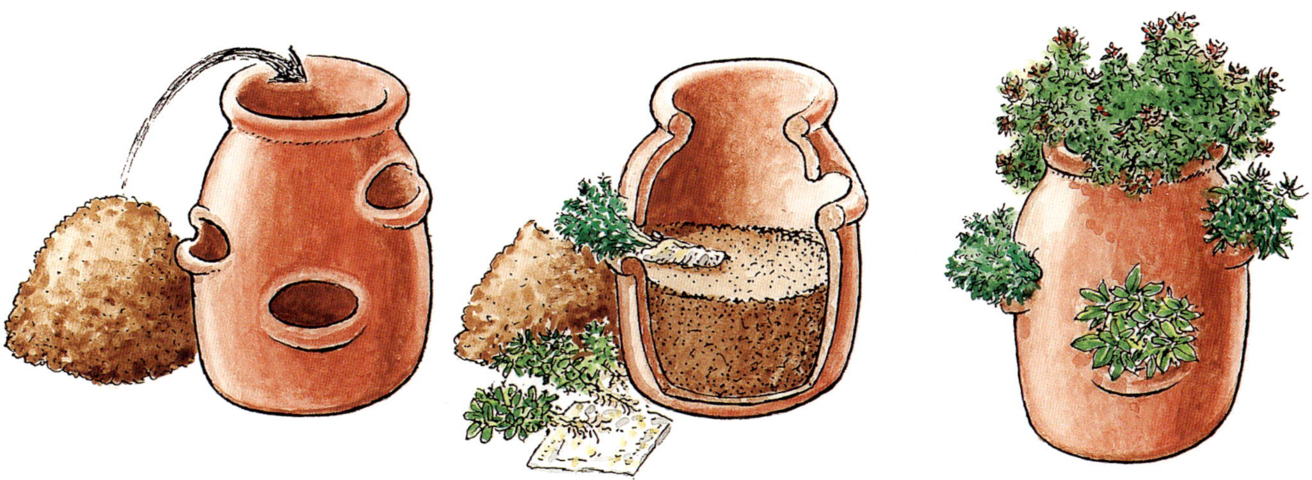

Kräutertöpfe werden in Etagen bepflanzt. Zuerst eine Schicht durchlässige Erde einfüllen. Dann werden die Wurzeln der Kräuter fest in Zeitungen gewickelt, um sie durch die Öffnungen im Topf schieben zu können.

Die wichtigsten Kräuter und ihre Vorlieben

Die Tabelle zeigt übersichtlich, wo sich die jeweiligen Pflanzen wohlfühlen. Beachten Sie bei der Anlage von Kräuterbeeten auch die Wuchshöhe. Damit bieten Sie den Pflanzen möglichst viel Licht und ermöglichen ihnen gesundes Wachstum. Gleichzeitig wird auch die Ernte erleichtert.

Eine Kräuterspirale bietet auf kleinstem Raum verschiedene Standorte für Kräuter – von trockenheitsliebend bis feucht. Aber auch jedes Beet kann verschiedene Zonen aufweisen, Sie müssen nur den Boden entsprechend vorbereiten.

Die wichtigsten Kräuter

- **Basilikum**
  (Ocimum basilicum) – eine warme, sonnige Stelle im Garten; gedeiht am besten in Töpfen auf dem Balkon.

- **Bohnenkraut**
  (Satureja hortensis) – direkt aussäen, im Sommer wenig gießen, dann werden die Pflanzen aromatisch.

- **Dill**
  (Anethum graveolens) – am besten dort säen, wo später Gurken hingepflanzt werden; gut mulchen, Dill liebt feuchten Boden.

- **Kamille**
  (Matricaria recutita) – direkt aussäen; besonders karge Erde ist ideal; Blüten täglich abzupfen und trocknen; sät sich immer wieder selbst aus.

- **Knoblauch**
  (Allium sativum) – im März oder schon im Oktober die Zehen stecken; nicht in frisch gedüngte Erde! Ideale Mischkulturpflanze – bei den Erdbeeren, im Rosenbeet; Ernte, sobald das Laub dürr wird.

- **Kresse**
  (Lepidium sativum) – das flotteste Kraut, ideal für leer gewordene Beete oder im Blumentopf.

- **Lavendel**
  (Lavandula angustifolia) – idealer Partner der Rosen; liebt trockene, durchlässige Erde in voller Sonne.

- **Melisse**
  (Melissa officinalis) – leicht zu pflegen; Erde sollte humusreich sein.

- **Oregano**
  (Origanum vulgare) – das Pizzagewürz darf nicht fehlen: Sonne und Wärme – dann wuchert er.

- **Petersilie**
  (Petroselinum crispum) – spannt viele Gärtner auf die Folter, weil sie sehr langsam keimt; ideale Aussaat: Ende August.

- **Pfefferminze**
  (Mentha × piperita var. *piperita* 'Mitcham'*)* – wuchert, aber gehört dazu; der beste Tee, wenn er aus dem eigenen Garten kommt.

- **Ringelblume**
  (Calendula officinalis) – einmal Ringelblume, immer Ringelblume: Sät sich überall aus, ist lästig, aber wunderschön!

- **Rosmarin**
  (Rosmarinus officinalis) – mein Liebling! Der Duft bringt uns den Süden in den Garten; nicht winterhart, daher bleibt er im Topf in lehmiger Erde.

- **Salbei**
  (Salvia officinalis) – Halsweh, ade! Frischer Salbei schmeckt aber auch geröstet; keine Bodenansprüche.

- **Sauerampfer**
  (Rumex acetosa) – in der neuen Küche ein Muss; wächst ohne viel Pflege, benötigt nur ab und zu Wasser.

- **Thymian**
  (Thymus sp.) – schön und duftend: Keine Pflasterritze sollte ohne ihn sein. Je karger, desto aromatischer.

Pflanzen für südliche Träume

Foto: Wimmer

Orangen und Zitronen gehören zum Traum vom Süden: Alle Vertreter der Gattung Citrus tragen Frucht und Blüte gleichzeitig.

Winterharte Pflanzen für mediterranes Flair

Man glaubt es kaum, aber es gibt tatsächlich viele südländisch wirkende Pflanzen, die durchaus auch in Regionen mit Frost und sogar starkem Frost überleben. Bei einigen der genannten Pflanzen ist die Winterhärte vor allem von den Bodenverhältnissen abhängig: Je durchlässiger und sandiger der Boden ist, desto eher überstehen diese Gewächse die Wintermonate, denn meistens ist es weniger die Kälte, die ihnen den Garaus macht, als die extreme Feuchtigkeit. Kommt es dann auch noch zu stauender Nässe, verfaulen die Wurzeln.

Süden – das ist für Gartenbegeisterte auch die Region der zahlreichen Kübel- und Balkonpflanzen. Hierzulande helfen sie uns alljährlich, ein Stück Italien, Griechenland oder ganz einfach mediterranes Lebensgefühl in unsere unmittelbare Umgebung zu zaubern. Kübelpflanzen haben einen ganz besonderen Reiz. Sie haben allerdings – und das sei ehrlich gesagt – einen Nachteil: Es sind Pflanzen mit Pflegebedarf. Man denke nur an das jahreszeitenbedingte Hinaus- und dann wieder Hereinschleppen! Deshalb auch die Alternative: Pflanzen mit südlichem Flair, die trotzdem winterhart sind.

Die „echten" Südländer

Seit einigen Jahren erleben Kübelpflanzen aller Art eine bemerkenswerte Renaissance! Das Angebot in Gärtnereien und Baumschulen nimmt von Jahr zu Jahr zu und immer wieder gibt es neue, wunderschöne, auch exotische Arten.

Zwei Fragen sollte sich der Gartenliebhaber aber stellen, ehe er ans Einkaufen geht: Wie viel Platz habe ich auf Balkon oder Terrasse? Und vor allem: Wo überwintere ich die Pflanzen und wie bringe ich sie ins Winterquartier?

Foto: Wimmer

Exotik auf der Terrasse muss nicht gleich mehr Arbeit bedeuten. Palmen sind besonders genügsam.

Beet für „südliche" Pflanzen

Einen besonders durchlässigen Boden, der danach kaum Pflege benötigt, schafft man folgendermaßen: Auf das geplante Beet werden große Hohlziegel gestellt, ein Geovlies (wie es beim Teichunterbau verwendet wird) legt man darüber. Anschließend wird das gesamte Beet mit einer 20–30 cm hohen Schicht aus Kies- und Rindenhumusgemisch bedeckt. In dieses Substrat setzt man dann die „südlichen" Pflanzen.

Foto: fotolia.de/Horticulture

Ob Lavendel oder Disteln, weißblättrige Königskerze, Wermut oder Wollziest – sie alle schaffen eine mediterrane Atmosphäre.

Beim Umtopfen die Pflanze nicht einfach in den nächstgrößeren Topf setzen, sondern den Wurzelballen verkleinern und das dichte Wurzelgeflecht entfernen. Dies kann entweder mit einem Messer, bei sehr starken Wurzeln aber auch mit einer Bogensäge erfolgen. Als Erde verwenden Sie handelsübliches Pflanzsubstrat, das mit etwas Komposterde und Hornspänen (als Dünger) vermischt wird. Pflanzen nicht sofort in die volle Sonne stellen und mäßig gießen.

Auswahl der schönsten Kübelpflanzen

Name	Blütenfarbe	**Blütezeit**	**Standort**	**Überwintern**
Bleiwurz *(Plumbago auriculata)*		VI–X	○	Hell, kühl und fast trocken
Bougainvillee *(Bougainvillea glabra)*		V–VI	○	Hell und kühl; sobald das Laub abfällt, nicht mehr gießen
Dattelpalme *(Phoenix canariensis)*	Blattpflanze		○	Hell und kühl um 10 °C
Engelstrompete *(Brugmansia suaveolens)*		VII–IX	○ ◑	Hell oder dunkel, bei dunkler Überwinterung fast nicht gießen und schon im Herbst kräftig zurückschneiden
Feige *(Ficus carica)*	Früchte zieren		○	Kühl und hell (auch dunkel möglich)
Gewürzrinde *(Cassia corymbosa)*		VII–X	○	Triebe einkürzen und mit fast abgetrocknetem Ballen in einem dunklen, sehr kühlen Raum bis März aufstellen, dann in den hellen, temperierten Wintergarten
Granatapfel *(Punica granatum)*		VII–VIII	○	Hell und sehr kühl, alle abgefallenen Blätter regelmäßig entfernen
Lorbeer *(Laurus nobilis)*	Blattpflanze	IV–V	○ ◑	Hell und kühl
Oleander *(Nerium oleander)*		VI–IX	○	Hell und kühl, wenig gießen
Olivenbaum, Ölbaum *(Olea europaea)*	Unscheinbar	VII–VIII	○	Hell und kühl
Orangen-, Zitronen- und Mandarinenbäumchen *(Citrus sp.)*		mehrmals im Jahr	○	Hell und kühl, wenig gießen
Palmlilie *(Yucca aloifolia)*		VIII–IX	○	Hell, kühl und kaum gießen
Roseneibisch *(Hibiscus rosa-sinensis)*	Alle Farben	VII–IX und länger	○	Hell und kühl, dann hält die Blüte bis Dezember an
Schönmalve *(Abutilon sp.)*		III – im Wintergarten X	◑	Hell und sehr kühl
Schmucklilie *(Agapanthus africanus)*		VII– VIII	○	Hell und kühl

sonnig = ○, halbschattig = ◑, schattig = ●

Pflanzen, die allein oder in Kombination eine südliche Atmosphäre vermitteln

- Currykraut
  (Helichrysum italicum) – durch das silbrige Laub und den intensiven Duft eine Rarität; friert leider manchmal ab.

- Distel
  (Eryngium giganteum) – einmal Disteln, immer Disteln! Trotz der manchmal sehr starken Versamung gehören sie einfach dazu. Tipp: Vor dem Öffnen der Samenstände Blüten abschneiden und über Restmüll entsorgen; im Kompost überleben die Samen!

- Eberraute
  (Artemisia abrotanum) – Würzkraut mit nicht alltäglichem Duft.

- Ginster
  (Genista lydia) – wer im Süden war, kennt die herrlichen Ginstersträucher – daher ein Muss für den „Süden".

- Hecht-Rose
  (Rosa glauca) – die blaugrauen Blätter sind eine einzigartige Zierde; diese Wildrose blüht einmal im Juni.

- Königskerze
  (Verbascum sp.) – die Blätter sind silbrig grau oder wie grüner Samt und die Blüten und Wuchshöhen bieten eine schier unendliche Auswahl. Achtung! Kann sich wie Distel versamen.

- Lavendel
  (Lavandula angustifolia) – auch hier kann das Gärtnerherz nach Lust und Laune wählen. Faustregel: Je größer die Blätter, desto weniger frosthart sind die Pflanzen; nach der Blüte alle Lavendelbüsche stark zurückschneiden.

- Mariendistel
  (Silybum marianum) – eine uralte Heilpflanze mit wunderschöner Blattzeichnung.

- Muskatellersalbei
  (Salvia sclarea) – Geruch: einzigartig, Blätter: einzigartig!

- Ölweide
  (Elaeagnus sp.) – für Laien fast eine Olive. Die ideale Pflanze für den südlichen Garten im Norden!

- Sonnenröschen
  (Helianthemum nummularium) – kleiner Südländer mit Charme.

- Storchschnabel
  (Geranium malviflorum) – einer von vielen Storchschnäbeln; Achtung, es gibt die Geraniumsucht!

- Wermut
  (Artemisia absinthium) – auch, wenn kein Tee gebraut wird, ist es die Pflanze wert, in den mediterranen Garten geholt zu werden.

- Wolfsmilchgewächse
  (Euphorbia characias ssp. wulfenii u. a.*)* – die vielen Gesichter dieser Pflanzengruppe überraschen jeden! Vorsicht, der Pflanzensaft kann die Haut reizen!

- Wollziest
  (Stachys byzantina) – der silberne Teppich im Garten.

- Ysop
  (Hyssopus officinalis) – noch ein Würzkraut, das schön aussieht.

Pflanzen für die schönsten Schattenseiten

Schatten im Garten ist oft ein Bereich, mit dem viele Gartenliebhaber nichts anzufangen wissen. Und doch bieten sich gerade dort oft eindrucksvolle Gestaltungsmöglichkeiten. Gerade in älteren Gärten, wenn Bäume und Sträucher größer werden, entstehen „Schattenseiten". Wer seinen Garten ausgewogen angelegt hat, wird mit diesen Schattenecken keine Probleme haben. Im Gegenteil: An heißen Sommertagen sind sie willkommenes Rückzugsgebiet. Im Zentrum eines Schattengartens kann sich ein Wasserbecken befinden. Wichtig sind auch hier wieder Sitzgelegenheiten, denn nur wenn dieser Gartenteil „bewundert" werden kann, wird er gefallen.

Als Wegmaterial eignet sich Rindenmulch, Holzhäcksel oder auch bloß festgestampfte, lehmige Erde. Durch die hohe Luftfeuchtigkeit und das geringe Licht vermoosen solche Wege rasch.

Foto: www.verlagsbuero-garten.at

Schatten ist kein Problem, sondern eine Herausforderung: An heißen Tagen sind solche Plätze eine kühle Oase.

Die zwei Favoriten

Efeu und Farne gelten zweifellos als die Favoriten für den Schatten. Efeu ist der Bodendecker, die Farne liefern die Struktur. Beide Pflanzenarten sind anspruchslos. Der Boden sollte humos und nicht zu trocken sein. Durch das Bedecken des Bodens mit Mulchmaterial kann beides erreicht werden.

Die Auswahl beim **Efeu** ist schier unendlich. Mehr als 400 Sorten sind in den letzten Jahrzehnten von Gärtnereien gezüchtet worden: ob großblättrig oder mit Minilaub, ob dunkelgrün oder mit buntlaubigem Blatt, ob stark oder ganz langsam wachsend. Efeu hat einzigartige Wachstumseigenschaften: Nur in der Jugend bildet er die rankenden Triebe; kommt er „ins Alter" und hat er genügend Licht, beginnt er zu blühen und stoppt das Längenwachstum. Er wächst dann „in die Tiefe" und bildet dicke Polster. Efeu, der auf Bäume klettert, stellt normalerweise kein Problem dar. Erst wenn die Triebe zu dicht den Baum umarmen und ihm das Licht nehmen, kann er absterben.

Farne sind besonders genügsam. Einmal gepflanzt machen sie keine Arbeit mehr. Im Gegenteil: Sind über den Winter die Farnwedel abgefroren, sollten sie nicht abgeschnitten, sondern an der Pflanze belassen werden. Sie schützen die jungen, noch frostempfindlichen Pflanzenteile und im Sommer, wenn sie als Mulch zu Boden fallen, vor dem Austrocknen.

Efeu (oben) und Farn (unten) sind zwei besonders robuste Schattenpflanzen. Bei beiden gibt es zahlreiche Sorten, die eine Gestaltung leicht machen.

Einige besonders dekorative Farne: **Rippenfarn** *(Blechnum spicant)*, **Wurmfarn** *(Dryopteris filix-mas)*, **Straußenfarn** *(Matteuccia struthiopteris)*, **Perlfarn** *(Onoclea sensibilis)*, **Königsfarn** *(Osmunda regalis)*, **Hirschzungenfarn** *(Asplenium scolopendrium)*, **Tüpfelfarn** *(Polypodium vulgare)* und **Schildfarn** *(Polystichum sp.)*

Weitere Pflanzen für den Schatten

Frauenmantel *(Alchemilla mollis)*, Bergenien *(Bergenia sp.)*, Funkien *(Hosta sp.)*, Kissenprimeln *(Primula vulgaris)*, Kriechender Günsel *(Ajuga reptans)*, Haselwurz *(Asarum europaeum)*, Schaumblüte *(Tiarella cordifolia)*, Silberkerze *(Cimicifuga sp.)*, Astilben *(Astilbe sp.)*, Glockenblumen *(Campanula sp.)*

Gräser wie Japansegge, Schattensegge *(Carex sp.)* und Zwiebel- und Knollengewächse wie Herbstzeitlose *(Colchicum autumnale)*, Krokus *(Crocus sp.)*, Schneeglöckchen *(Galanthus nivalis* und *elwesii)*, Frühlingsknotenblume *(Leucojum vernum)*, Blausternchen *(Scilla bifolia)*, Hasenglöckchen *(Hyacinthoides non-scripta)*

Baumwurzeln als Wachstumsbremse

Sind in einem Garten die Bäume in den Himmel gewachsen und haben die Sträucher ein Dickicht gebildet, dann ist dies wahrscheinlich nicht nur über, sondern auch unter der Erde so. Da werden dann die Baumwurzeln zu Wachstumsbremsen, denn sie nehmen allen Pflanzen im Umkreis Wasser und Nährstoffe weg. Daher gilt es, diese Gartenbereiche umzugestalten. Mit möglichst geringem Aufwand versteht sich. Und so wird der Faulenzergärtner die Äste im unteren Bereich herausschneiden und den Boden lockern – wenn es noch geht. Am einfachsten ist es, Humus aufzutragen, mit dem Nachteil, dass stark wurzelnde Bäume diese nahrhafte Erdschicht rasch erobern werden. Daher ist es manchmal sinnvoll, den Boden zuerst mit einem Wurzelvlies (Geovlies) zu bedecken und darauf den Humus zu schütten. In dieser Schicht können die frisch gesetzten Stauden ohne Konkurrenz der Baumwurzeln für dichten Bewuchs sorgen. Allerdings sollte man auf ausreichendes Gießen achten, da ja keine direkte Erdverbindung besteht.

Will man bloß Efeu setzen, genügt es, größere Pflanzlöcher auszugraben. Später verschaffen sich die Wurzeln dieses robusten Bodendeckers ihren Platz.

Natürliche Mulchschicht

Der Boden im schattigen Teil eines Gartens ist meist leichter mit Humus zu versorgen als andere Regionen. Blätter und herabgefallene Äste können unter Bäumen und Sträuchern liegen bleiben und bilden schon nach wenigen Monaten wie in einem Wald eine Mulchdecke, die das Bodenleben fördert.

Im dichten Wurzelgeflecht eines Baumes ist Wachstum kaum möglich: Legen Sie daher zuerst ein Wurzelvlies auf den Boden und bedecken sie alles mit einer 10–15 cm starken Schicht Humus. Direkt im Umkreis des Stammes sollte der Boden nicht aufgeschüttet werden.

Bepflanzt wird dann mit Stauden, die Schatten und im Sommer auch etwas Trockenheit vertragen.

Pflanzen für den „Kinder"-Garten

Foto: fotolia.de/ChristArt

Kinderglück entsteht oft einfacher, als man denkt. Freiraum und wilde Ecken, ganz dem „intelligenten Faulen" entsprechend, bieten die besten Spielplätze.

Für viele Kinder sind Gärten die Erlebnisspielplätze des 21. Jahrhunderts, denn die Möglichkeiten, einen Wald als Abenteuerspielplatz in der Nähe zu finden, sind oft gering. Deshalb sollten die „Kinder"-Gärten wirklich kindgerecht gestaltet werden. Es sind doch nur einige wenige Jahre, in denen die grüne Oase für die Kinder zum Paradies werden soll.

Erst Sandgrube, dann Gräsergarten

So praktisch Plastiksandkisten sind, Kinder lieben es doch mehr, wenn sie selbst gestalten können. Und so wird eine Sandgrube errichtet:
Am besten von einem Minibagger ausgegraben, wird das Erdloch zunächst mit Vlies ausgekleidet und dann mit Sand aufgefüllt.

Ist nach einigen Jahren die Lust am Sandspielen vorbei, wird dieses Stück Garten entweder der Natur überlassen und es werden sich auf den Sandflächen für Sandstandorte charakteristische Pflanzen wie die Königskerzen breitmachen. Oder man wählt eine Gestaltung mit Gräsern.

Kindgerecht, kinderleicht

Für die „intelligenten Faulen“ ist das eine große Chance: Sie schaffen in einer ersten Phase das Grundgerüst mit Bäumen, Sträuchern, Wegen und Sitzplätzen. Dazwischen bleibt dann viel Platz zum Spielen: ob in einer Sandgrube in einem Wigwam oder bei einem kleinen „Kinder“-Bachlauf, bei dem der Staumauerbau nicht verboten ist.

Foto: fotolia.de/kids.4pictures

Die eigene Ernte ist doch die beste! Kinder lieben es zu garteln.

Abenteuer pur

Das Spannendste im Garten ist vielleicht das Indianerspielen – selbst heute noch. Freilich muss dafür der Garten die passende Kulisse bieten. Und auch hier gilt wiederum: Lassen Sie den Kindern den Freiraum, auch wenn das eine oder andere Gehölz einen Ast einbüßt. Ideal zum Indianerspielen sind „Urwaldecken“ mit Waldsträuchern. Im Unterschlupf dieser Sträucher lässt es sich hervorragend verstecken. Achten Sie nur auf eines: In den Bereichen, wo Kinder spielen, sollten keine Sträucher mit gefährlichen Dornen oder Stacheln stehen. Sanddorn, Schlehen, aber auch Rosen haben dort nichts verloren. Gefährlich kann bei kleinen Kindern auch die Eibe werden. Sie ist nämlich besonders giftig. Besonders schön für einen solchen Indianerspielplatz ist ein Weiden-Wigwam. Im zeitigen Frühjahr werden lange Weidenruten geschnitten, die im Garten dann in die Erde gesteckt und zu einem Zelt geformt werden. Die Weiden treiben rasch aus, und in kurzer Zeit ist ein wachsendes Kinderhaus entstanden.

Aus einer Sandgrube entsteht zuerst der Lieblingsspielplatz und dann ein Beet für speziell darauf abgestimmte Pflanzen.

Kletterpflanzen zur **Hausbegrünung**

Foto: fotolia.de/emer

Das duftende Geißblatt ist eine dankbare Kletterpflanze, im Herbst bilden sich schwarze, rote oder orangefarbene Beeren.

In Städten ist „Grün“ oft Mangelware. Es gibt kaum Platz für größere Bäume, daher bieten sich nur die Begrünung einer Fassade oder ein grünes Dach als Ausweg an.

Grün in der Stadt hat viele Vorteile: Es schafft ein angenehmes Kleinklima, weil dadurch im Sommer zu starke Aufheizung verhindert wird und im Winter der grüne Mantel wie ein Wärmepolster wirkt.

Manche Hausbesitzer sind in Sorge, dass der Verputz, wenn sie Kletterpflanzen setzen, nach kurzer Zeit kaputtgeht. Diese Befürchtungen sind völlig unbegründet. Eine intakte Fassade wird durch Kletterpflanzen, egal welche, nicht geschädigt. Eine Fassade, deren Verputz jedoch bereits brüchig ist, wird allerdings sicherlich in Mitleidenschaft gezogen.

Efeu, Kletterhortensien und auch der Wilde Wein „kleben“ sich mit Haftwurzeln oder Haftscheiben an die Wand. Entgegen einer verbreiteten Meinung holen die Pflanzen aber keine Feuchtigkeit aus der Mauer. Die „Haftwurzeln“ sind nur für den Halt zuständig, die Versorgung der Pflanze erfolgt ausschließlich über Bodenwurzeln.

Grüne Wände für viele Jahre

Blauregen/Glyzinie *(Wisteria sp.)*
Schlingpflanze mit wunderschönen Blüten. Sie benötigt einen sonnigen Standort. Kaufen Sie nur veredelte Sorten, sie blühen rascher. Der Blauregen benötigt eine Kletterhilfe. Achtung: Die Äste haben enorme Kräfte und können sogar Dachrinnen zerdrücken.

Efeu *(Hedera helix)*
Der Efeu ist eine der anspruchslosesten Pflanzen. Er gedeiht in der Sonne genauso wie im Schatten. Efeu klettert mit Haftwurzeln. In den ersten Jahren eher langsam, nach einigen Jahren aber sehr kräftig. Er bleibt den Winter über grün und bietet vielen Vögeln eine Nistmöglichkeit.

Geißblatt *(Lonicera caprifolium)*
Das Geißblatt ist ein Schlinggewächs, das zur Blütezeit (Mai bis Oktober) einen betörenden Duft verströmt. Es benötigt einen sonnigen bis halbschattigen Platz und Spanndrähte zum Ranken. Vor allem Pergolen lassen sich gut mit ihm bewachsen.

Kletterhortensie *(Hydrangea petiolaris)*
Die Kletterhortensie wächst im Halbschatten und liebt durchlässigen, humusreichen Boden. Zunächst wächst sie langsam, später aber ziemlich kräftig. Besonders hübsch sind die großen, duftenden, tellerförmigen Blüten. Für Rankhilfen sind Kletterhortensien dankbar.

Kletterrosen *(Rosa sp.)*
Da gibt es viele Dutzend Sorten. Sie benötigen einen sonnigen Platz mit viel humusreicher Erde. Die Triebe müssen festgebunden werden, auch ein Rückschnitt ist immer wieder erforderlich. Eine besonders wuchskräftige und robuste Sorte ist 'New Dawn'. Sie trägt kleine, duftende, weiße bis zartrosa Blüten und blüht mehrmals bis November. Diese Rose ist auch nicht allzu empfindlich, was den Rückschnitt betrifft. Selbst der Schnitt mit einer Heckenschere wird von älteren Exemplaren problemlos verkraftet. Weitere empfehlenswerte Sorten: 'Blaze Superior' – scharlachrot, 'Golden Showers' – gelb, 'White Cockade' – weiß, oder die besonders wuchskräftigen Sorten wie 'Wedding Day', 'Kiftsgate' und 'Bobby James' – weiß.

Knöterich *(Polygonum/Fallopia aubertii)*
Der Knöterich ist der eifrigste und schnellste Kletterer. Er benötigt eine Rankhilfe und ist schon nach kurzer Zeit nicht mehr zu bremsen. Innerhalb weniger Monate bildet er einen Sichtschutz oder deckt eine unschöne Wand zu.

Foto: fotolia.de/felinda

Clematis zählen zu den variantenreichsten blühenden Kletterpflanzen.

Waldrebe *(Clematis sp.)*

Die Waldrebe gibt es in unzähligen Sorten. Von der heimischen, die nur kleine Blüten besitzt, bis zu den zahlreichen Züchtungen, die teilweise Blüten mit bis zu 15 cm Durchmesser haben, reicht die Palette. Die Waldrebe will einen sonnigen Platz (aber nicht zu heiß) und stellt einige Ansprüche an den Boden. Er sollte humusreich, feucht und kühl sein. „Kühl" bedeutet, dass keine direkte Sonne auf den Wurzelbereich scheinen darf. Dies kann durch eine Bepflanzung durch Bodendecker erreicht werden. Auch ein Abdecken mit Mulch ist möglich.

Wilder Wein *(Parthenocissus sp.)*

Der Wilde Wein gilt als eine der beliebtesten Kletterpflanzen. Er ist recht anspruchslos und wächst rasch und kräftig. Empfehlenswert ist die Sorte 'Veitchii', die mit selbstklimmenden Haftscheiben ohne jede Kletterhilfe auskommt. Die Art „*quinquefolia*" braucht in den ersten Jahren Drähte zum Ranken. Besonders schön ist beim Wilden Wein die Herbstfärbung.

Winterjasmin *(Jasminum nudiflorum)*

Er ist ein außergewöhnliches Gewächs, denn ab Dezember erscheinen an den langen dünnen Trieben gelbe Blüten. Der Winterjasmin erreicht eine Höhe von etwa 2 m und muss immer wieder angebunden werden. Als Standort sind sowohl sonnige, als auch halbschattige Plätze möglich. An den Boden stellt dieser „Winterblüher" keine besonderen Ansprüche.

Foto: fotolia.de/Birgit Brandlhuber

Im Herbst sorgt der Wilde Wein für ein Feuerwerk der Farben. Efeu hingegen bleibt rund ums Jahr grün, dämpft im Sommer die Hitze und im Winter die Kälte.

Einjährige, schnelle Kletterer

Duftwicke *(Lathyrus odoratus)*
Ein warmer, sonniger Standort und ein Maschendraht als Klettergerüst genügen, und die Duftwicke wird ihre Blüten öffnen. Die Blütezeit reicht von Juni bis September. Bei Vorkultur auf der Fensterbank beginnt die Duftwicke auch schon früher zu blühen.

Feuerbohne *(Phaseolus coccineus)*
Ein dankbarer und schneller Kletterer, der durch seine leuchtend roten Blüten auch sehr dekorativ wirkt. Blütezeit: Juli bis September. Die Früchte sind gekocht köstlich. Aussaat nach den Eisheiligen. Ein sonniger bis halbschattiger Platz ist ideal. Spanndrähte genügen als Kletterhilfe.

Japanischer Hopfen *(Humulus scandens)*
Eigentlich ist der Hopfen gar keine „einjährige“ Kletterpflanze, denn er treibt jedes Jahr aus der Wurzel aus. Die Wuchskraft ist enorm: 4–6 m hoch wachsen die Ranken bei guter Pflege. Die Blüte beginnt im August. Ein halbschattiger Platz mit humusreicher, nährstoffreicher Erde ist ideal. Als Rankhilfe genügen Spanndrähte.

Kapuzinerkresse *(Tropaeolum sp.)*
Eine besonders leicht zu ziehende Kletterpflanze, die allerdings einige Unterstützung benötigt, damit sie „rankt“. Am einfachsten ist eine Wandbegrünung mit Kapuzinerkresse, wenn zuvor ein Maschengitter gespannt wurde. Dann hält sich die dankbare und blühwillige Pflanze bis zum Oktober. Ausreichende Versorgung mit Wasser ist allerdings – besonders in einer Kübelbepflanzung – wichtig.

Prunkwinde *(Ipomoea tricolor)*
Die einjährigen Winden sind recht anspruchslos und sorgen den ganzen Sommer über mit ihren großen Trichterblüten für eine wunderschöne Wandbegrünung. Als Kletterhilfe benötigen sie entweder einen Spanndraht oder ein Maschengitter, dann wachsen sie bis zu 3 m hoch. Günstig ist es, wenn die Winden ab April auf der Fensterbank vorkultiviert werden.

Schwarzäugige Susanne *(Thunbergia alata)*
Bis zu 2 m hoch wächst die Schwarzäugige Susanne. Ihren Namen verdankt sie ihrer besonderen, orangefarbenen Blüte, in deren Mitte sich ein schwarzer Punkt befindet. Eine Vorkultur auf der Fensterbank lohnt sich. Als Standort ist ein warmer und geschützter Platz ideal, dann hält die Blüte bis zum Oktober an.

Foto: fotolia.de/ArsVerbiBildarchiv

Die Blüten der Prunkwinde sind besonders zart und zauberhaft.

Das grüne Dach

Wer meint, das „grüne Dach“ sei eine Erfindung unserer Zeit, irrt: Schon vor fast 3000 Jahren schufen die Griechen die „Hängenden Gärten der Semiramis“. Sie waren so beeindruckend, dass man sie zu den sieben Weltwundern der Antike zählt.

Beeindruckend sind aber auch heute die Gartenlandschaften, die so manche Städter in luftiger Höhe zaubern. Wichtig ist, wie bei Balkon- und Terrassengärten, die Überprüfung der Bausubstanz: Reicht die Statik des Hauses aus? Ist genügend Isolierung vorhanden? Besteht durch die Bepflanzung eine Gefahr für darunterliegende Wohnungen oder Passanten?

Der Vorteil einer Dachbegrünung liegt auf der Hand: Die Bepflanzung hält einen Großteil des Regenwassers zurück und gibt es nur langsam an die Umgebung ab. Damit werden Höchstbelastungen von Kanälen und damit Kläranlagen verhindert und die Stadtluft durch die höhere Luftfeuchtigkeit verbessert.

Begrünte Dachflächen wirken auch wie ein Staubfilter: Der Wind streift über die Pflanzen und lässt den Staub zurück. Freilich ist ein Dach ein extremer Standort, daher eignen sich nicht alle Pflanzen dafür, es gibt aber zahlreiche Gewächse, die diese unwirtliche Umgebung verkraften. Manche von ihnen haben einen ungestümen Drang, sich auszubreiten. Wer hier intelligent beobachtet, wird bald bemerken, dass sich durch Samenflug an den Standort angepasste Pflanzengemeinschaften bilden.

Foto: fotolia.de/Heiner Witthake

Eine extensive Dachbepflanzung: trockenheitsliebende Stauden

Foto: fotolia.de/PhilK

Das bepflanzte Dach – auch wenn dazwischen Kies liegt – wirkt wie eine Isolationsschicht: Im Sommer hält es die Hitze ab, im Winter die Kälte.

So wird ein „grünes Dach“ aufgebaut

Aus einem kiesbedeckten Flachdach lässt sich (nach Prüfung der Statik) ganz leicht eine grüne Oase machen. Der Kies wird entfernt (er dient nur dem Schutz vor direkter Sonnenbestrahlung auf die Dichtungsschicht) und auf die eigentliche Wasserisolierschicht eine ungefähr 1 mm starke wurzelfeste Folie aufgelegt. Sie muss verschweißt werden, damit die kräftigen Wurzeln später nicht die Isolierung durchbohren. Auf diese Wurzelfolie kommt ein Vlies (als Schutz vor scharfen Steinen), dann eine Dränageschicht. Es kann dafür Tongranulat (z. B. Blähton) verwendet werden. Darauf kommt wiederum ein Vlies, damit keine feinen Erdteilchen in die Dränageschicht gespült werden können. Nun folgt die eigentliche Erd- bzw. Substratschicht. Man kann dafür die im Handel angebotenen speziellen Mischungen verwenden oder sie selbst herstellen.

Die richtige Erdmischung

Aus normaler Gartenerde lässt sich mit Sand und Torf eine Dachgarten-Erdmischung herstellen. Das Mischverhältnis: 4 Schaufeln Erde, 4 Schaufeln Sand und 2 Schaufeln Torf. Als Abdeckung sollte Rindenmulch oder noch besser Rindenhumus etwa 5 bis 10 cm hoch aufgetragen werden. Damit ist sichergestellt, dass die Verdunstung verringert wird und Unkraut keine Chance hat.

Aufbau einer extensiven Dachbegrünung – bei der statischen Berechnung und der Abdichtung dürfen keine Fehler passieren!

Die Pflanzen für grüne Dächer

Pflanzen, die auf Dächern wachsen, müssen besonders robust sein. Die Tabelle zeigt einige (wenige) Sorten, die – abgestuft nach Höhe – ein Dach für ein ganzes Jahr zu einer einzigartigen Gartenlandschaft machen. Ist ein Dach einmal (richtig) bepflanzt, so macht es kaum mehr Mühe. Denn viele dieser Gewächse sind wahre Hungerkünstler.

Über viele Tage und Wochen hinweg benötigen sie keine Pflege. Sie leben nur von der dünnen Schicht Humus und der natürlichen Feuchtigkeit, sei es in Form von Regen oder auch bloß in Form von Tau.

STAINLESS STEEL

Kompost

– ganz ohne Mühe – bringt Erntesegen

Foto: fotolia.de/cip

Die (beinahe) selbsttätige Erdfabrik

Foto: fotolia.de/Mark J. Grenier

Kürbisse sind die idealen Schattierpflanzen für den Kompost.

Kürbis zur Schattierung

Setzen Sie die Pflanzen immer unten an den Rand des Komposthaufens, so werden nur die ausgewaschenen Nährstoffe von den „hungrigen" Pflanzen aufgezehrt.

Die beste Komposterde entsteht, wenn die organischen Abfälle möglichst bunt gemischt aufgeschichtet werden – nicht zu klein häckseln, denn sonst kommt es durch Sauerstoffmangel zu Fäulnis und Geruchsbelästigung.

Was ist nicht über das richtige Kompostieren schon gesagt und geschrieben worden! Kein Gartenvortrag, bei dem nicht möglichst kompliziert der Aufbau eines Komposthaufens und das Mikroleben darin geschildert werden. Viele geben da gleich auf und lassen die wertvollen organischen Stoffe aus Garten und Haus entweder wegbringen oder an ungeeigneter Stelle dahinfaulen.

Der richtige Platz

Dabei ist es so einfach: Für die kleine Erdfabrik ist ein halbschattiger Platz auf gewachsenem Boden ideal. Eine nicht zu kleine Fläche abseits des Hauses, aber doch in zentraler Lage, verhindert später bei der Gartenarbeit lange beschwerliche Wege.

Eine kleine Hecke oder ein nicht allzu großer Baum sind gute Nachbarn. Dort fühlen sich die Kompostwürmer und Bakterien wohl und arbeiten rasch an der Umsetzung der Stoffe. Keinesfalls darf der Komposthaufen in der prallen Sonne oder an einer Stelle aufgerichtet werden, die nicht abtrocknet.

Im Handel werden die unterschiedlichsten Arten von Kompostbehältern angeboten. Diese Kompostsilos sind vor allem in kleineren Gärten eine platzsparende Möglichkeit zur Humuserzeugung. Intelligente Faule verzichten aber darauf: Wenn nur etwas mehr Platz im Garten ist, wird der Kompost so aufgeschichtet, als entstünde ein Hochbeet – bunt gemischt, versteht sich. Denn das ist das Geheimnis der schnellen Verrottung.

Es geht ganz einfach!

Sie brauchen zum Kompostieren kaum Hilfsmittel: weder Häcksler, noch Kompoststarter oder Wurfgitter; auch mühsames Umgraben ist nicht nötig.

Die größten Fehler beim Aufbau eines Komposthaufens passieren, wenn das Material zu klein gehäckselt wird und daher im Kompost nicht verrottet, sondern fault. Daher wird bei mir alles (holzige) Material bis zur Stärke eines Daumens unzerkleinert auf den Kompost geworfen, bunt gemischt mit all den anderen organischen Abfällen aus Garten und Haus.

Ein Beispiel für „problematischen“ Abfall ist Rasenschnitt. Kommt er in einer Schicht von mehr als 20 cm auf den Kompost, beginnt das Material in der ersten Phase nicht zu verrotten, sondern zu gären. Gestank und Hitze sind die Zeichen dafür, dass etwas „faul“ ist. Ein Komposthaufen, der richtig aufgeschichtet wird – mit holzigem und damit trockenem Material, gemischt mit feuchtem und meist grünem Abfall – wird nicht stinken. Vielmehr beginnt unmittelbar die Umwandlung der Stoffe in Humus.

Futter für die Komposthelfer

Das Wichtigste beim richtigen Kompostieren ist die „Fütterung“ der Mikroorganismen. Humus kann nur dann entstehen, wenn sie gut mit Nährstoffen versorgt werden. Daher ist es unbedingt

Komposthaufen melden Probleme sofort

Ist der Inhalt grau, war das Material zu trocken und zu locker aufgeschichtet – statt Erde findet man nur staubiges Innenleben vor.

Ist der Inhalt faulig, feucht und stinkt, wurde das Material zu stark zerkleinert. Der Häcksler war wieder einmal zu oft im Einsatz und in der Fäulnis ist alles Leben erstickt.

→ Abhilfe in beiden Fällen: Sofort den Haufen neu aufsetzen und je nach Problem mit viel trockenem oder viel nassem Material mischen. Die Natur bügelt die Fehler aus, es muss nichts weggeworfen werden!

Foto: Wimmer

Wer von Anfang an die wertvolle Komposterde in die Beete, den Rasen und unter Gehölzen einarbeitet, sorgt für einen guten Boden.

Schritt für Schritt zum Kompost: Nach etwa einem Jahr ist die Komposterde fertig.

nötig, dass von Zeit zu Zeit tierische, stickstoffreiche Materialien auf den Kompost kommen, sei dies als Rindermist oder bloß in Form mehrerer Handvoll Hornspäne.

Zu guter Letzt kommt von Zeit zu Zeit eine „Haut“ über den Kompost. Am besten ist dafür der meist in großen Mengen anfallende Rasenschnitt geeignet. Im Laufe eines Gartenjahres entsteht so ein buntes Gemisch aus allen möglichen Abfällen. Im Frühjahr wird noch einmal „gedüngt“ – also der Komposthaufen mit Hornspänen oder Rindermist bedeckt –, ehe eine dicke Lage Rasenschnitt den Abschluss bildet. Nun ruht der Haufen bis September. Dann kann der dunkle, nach Walderde riechende Kompost bereits „geerntet“ werden. Die wenigen größeren Äste, die noch nicht verrottet sind, werden beim Befüllen der Schubkarren auf den zweiten Komposthaufen geworfen und sind dort gleich „Impfstoff“ für eine besonders rasche Verrottung.

Alles für den Kompost

Aus dem Garten
Laub, Rasenschnitt, abgeschnittene Blütenstauden, Stroh, Jätgut, Pflanzenabfälle, Äste, Rasensoden, Sägespäne, Reis

Aus dem Haus
Alte Erde aus Blumentöpfen und Balkonkästen, Schnittblumen, Wollreste, Federn (nur in geringen Mengen), Haare, Wolle (Schaf- oder Baumwolle)

Aus der Küche
Gemüse- und Obstreste (auch Orangen-, Zitronen-, Bananenschalen), Kaffee- und Teefilter. ACHTUNG: Niemals gekochte Abfälle wie Kartoffeln, Nudeln, Reis oder Knochen und Fleischreste auf den Hauskompost geben – die Folge wäre Rattenbefall!

Zuschlagstoffe
Düngekalk, Algenmehl, Gesteinsmehle, Hornspäne

Foto: iStockphoto.com/esp_imaging

Wofür und wann
wird Komposterde verwendet?

Fertige Komposterde duftet nach „Walderde“ und sollte so rasch wie möglich verwendet werden. Wird sie gelagert, muss sie vor Regen geschützt werden, der die Nährstoffe ausschwemmen würde.

Der Komposttest

Um zu testen, ob Komposterde reif ist, kann man eine Keimprobe durchführen. Kressesamen reagieren rasch auf noch schädliche Substanzen. Keimt die Kresse dicht und grün, ist die Erde fertig. Fallen viele Samen aus, sind die Blätter gelblich grün oder verfaulen, muss der Kompost noch nachreifen.

Ausgereifte Komposterde kann das ganze Jahr über zu den Pflanzen gegeben werden. Auf Gemüsebeete kommt der Kompost entweder im Herbst, noch besser aber erst im Frühjahr. Niemals aber sollten mehr als 1–2 cm Kompost aufgetragen werden, denn selbst beim organischen Düngen kann man leicht zu viel des Guten tun.

Komposterde darf niemals „pur“ als Substrat verwendet werden. In Blumentöpfen sollte der nahrhafte Humus nur etwa ein Viertel der Gesamtmenge ausmachen, gemischt mit Standardgartenerde aus der Packung, Sand und etwas Lehm (Gartenerde oder noch besser Maulwurfserde).

Rezept gegen Moos im Rasen

Moos im Rasen ist für manche Gartenbesitzer ein Horror – andere finden es wieder bequem, weil weniger Gras wächst. Für alle, die sich ärgern, hier ein Patentrezept:

Kompost ist eine Kraftnahrung für Boden und Pflanzen. Deshalb ist er auch bestens geeignet, lästiges Moos im Rasen zu entfernen. Es entsteht nach der Bearbeitung ein unerfreulicher Anblick, doch nach kurzer Zeit beginnt der Rasen kräftig zu wachsen und verdrängt das Moos. Durch den Sand wird der Boden durchlässiger, was Mooswachstum ebenfalls verhindert.

Schneiden Sie den Rasen ab etwa Mitte April sehr kurz und vertikutieren Sie anschließend möglichst tief. Dabei wird ein Großteil des Mooses entfernt. Anschließend mischen Sie gesiebte Komposterde mit Quarzsand oder scharfem Flusssand im Verhältnis 2:1, also zwei Teile Kompost und ein Teil Sand. Diese Mischung wird etwa 2–4 cm stark auf dem Rasen aufgestreut.

Pflanzen- und Mulchdecken

Foto: iStockphoto.com/LordRunar

Ab jetzt wird gemulcht!

Ist das nicht eine tolle Idee? Einfach die Erde mit Rasenschnitt, Rindenmulch oder anderem organischem Mulchmaterial bedecken, nicht mehr jäten, gießen und trotzdem besonders gesunde Pflanzen im Garten haben.

Dieser Trick ist von der Natur abgeschaut – ein kleiner Spaziergang beweist es. Der Wald liefert eine perfekte Demonstration: Auf der Erde liegen Blätter, Nadeln und Äste und „schützen“ den Boden. Unter dieser Mulchschicht findet man lockere, feuchte und humusreiche Erde – als hätte ein Gärtner tagelang und mühevoll den Boden bearbeitet.

Dabei waren nur die „Haustiere“ des intelligenten Faulen aktiv – die Regenwürmer: Sie lockern die Erde und produzieren Wurmhumus und damit Dünger. Genau das erreicht der Hobbygärtner auch im eigenen Garten, wenn er den Boden bedeckt, also mulcht.

Damit wird gemulcht

- **Grasschnitt, Strohhäcksel, Laub** unter Hecken
- **Blätter von Beinwell und Tomaten** .Beim Ausgeizen fallen im Sommer große Mengen an.
- **Brennnesselblätter** sind eine besonders „gesunde“ Bodenbedeckung. Keine blühenden und Samen tragenden Brennnesseln verwenden.
- **Rindenmulch** ist ideal bei Bäumen, Sträuchern, unter allen Beerensträuchern, Azaleen und Rhododendren, weil er eine saure Bodenreaktion auslöst. Nicht im Gemüsegarten!
- **Rindenhumus oder Rindenkompost** ist ideal bei allen flach wurzelnden Pflanzen – auch im Gemüsegarten!

Achtung bei Schnecken und Wühlmäusen!

Ist Ihr Garten eine Heimstätte von Schnecken und Wühlmäusen, so ist beim Mulchen Vorsicht geboten:

- Niemals zu dicke Mulchschichten aufbringen. Die Devise: Öfter, aber dünner.
- Mulchmaterial vor dem Ausbringen antrocknen lassen.
- Mulchschicht bei Bäumen nie direkt bis zum Stamm aufbringen – Wühlmäuse könnten sonst die Baumwurzeln kahl fressen.
- In Gärten mit Wühlmäusen über den Winter keine Mulchdecken liegen lassen.

Foto: Wimmer

Mulch schützt den Boden und hilft, Wasser zu sparen.

Mulch: die Unkrautbremse

Mulchen spart Arbeit – vor allem bei der Unkrautbekämpfung. Damit war auch der Siegeszug für den Rindenmulch gelegt, der seit Anfang der 80er-Jahre die Gärten füllt. An sich ein hervorragendes Mulchmaterial – wenn Qualität und Einsatzbereich stimmen. Überall dort, wo tief wurzelnde Pflanzen wie Bäume und Sträucher stehen, ist das Mulchen mit Rindenmulch perfekt – bei allen Flachwurzlern, wie im Gemüsegarten oder im Staudenbeet, hat die Rinde nichts verloren – sie bremst das Wachstum.

Gemulcht kann auch mit Flachs und Hanf werden. Durch die helle Farbe kommt es zu einer geringen Austrocknung. Verwenden Sie samenfreie Hanfschäben, da bei Flachs ein Auflaufen vorkommen kann.

Foto: www.verlagsbuero-garten.at

Gewusst, wie

Lästige Wurzelunkräuter wie Giersch (Quecke) und Winden sind oft besonders schwierig zu bekämpfen. Im Faulenzergarten wird es so gemacht: Im Bereich von Bäumen und Sträuchern, z. B. bei den Johannisbeeren, kommt auf die Erde eine Lage Kompost. Darauf wird dicker Pappkarton gelegt, der mit Rindenmulch abgedeckt wird. Die wenigen Blätter, die noch die Mulchschicht durchdringen, werden abgerissen. Nach einem Jahr ist der Karton verrottet und die Unkräuter sind fast vollständig vernichtet.

Rinde gegen Unkraut

Eine Schicht aus Rinde wirkt auf zweierlei Art gegen Unkraut: einerseits aufgrund der darin enthaltenen Gerbsäure, andererseits durch ihre holzigen Teile. Diese verrotten langsam, wozu die Mikroorganismen Stickstoff benötigen – der Pflanzennährstoff Nummer eins. Daher wird die oberste Bodenschicht abgemagert und das Wachstum von Pflanzen aller Art stark gebremst.

Wie oft mulchen?

Mit Rinde

Je gröber die Rinde ist, desto seltener muss gemulcht werden. Nadelholzrinde (Lärche, Kiefer oder noch besser Pinie) hält am längsten. Qualität ist hier oft eine Preisfrage. Daher sollte man gerade beim Rindenmulch nicht unbedingt zum billigsten Angebot greifen. Noch dazu besteht bei manchen (besonders billigen) Produkten, die importiert werden, Gefahr durch Holzschutzmittel, wie sie manchmal in der osteuropäischen Forstwirtschaft zur Abwehr von Holzschädlingen verwendet werden.

Wurzelunkräuter unter Bäumen oder Sträuchern werden mit dickem Verpackungskarton und einer Schicht Rindenmulch abgedeckt – die einfachste und bequemste Unkrautbremse.

Mit Rasenschnitt

Normalerweise genügt das Aufstreuen des Rasenschnitts alle drei bis vier Wochen. Nur bei extremer Hitze sollte die Mulchschicht verstärkt werden, denn sonst kann es sein, dass Unkraut durch das vertrocknete Gras dringt.

So wird richtig gemulcht

- Zuerst Unkraut entfernen.
- Mulch nur auf gelockertem Boden verteilen.
- Bei vielen Wurzelunkräutern zuerst einen Karton auflegen und darauf mulchen.
- In den ersten Tagen nach dem Mulchen kontrollieren, ob Wildkräuter durchwachsen. Notfalls die Blätter entfernen und die Mulchdecke verstärken.

Foto: fotolia.de/Schlierner

Rasenschnitt muss nicht immer auf den Kompost. Vor allem im Gemüsegarten eignet sich das Mähgut als gutes Mulchmaterial.

Mulch: der Wassersparer

Das Bedecken des Bodens ist die beste Möglichkeit, Wasser zu sparen und gleichzeitig die lästige und langwierige Gießarbeit zu reduzieren. Von großer Bedeutung ist dabei allerdings der Zustand des Bodens: Nur humusreiche Böden sind in der Lage, Wasser auf Dauer zu speichern. Daher sollte der intelligente Faule den Boden jedes Jahr mit Kompost versorgen und erst anschließend mulchen. Damit erreicht man eine Humusstruktur, die in der Lage ist, Nährstoffe und Feuchtigkeit über viele Tage und Wochen zu speichern.

Weiches Wasser im doppelten Sinn

Kein scharfer Wasserstrahl

Für Pflanzen und Wurzeln ist es schlecht, wenn die scharfe Schlauchdüse die Erde verschlämmt oder gar die Wurzeln freilegt. Besser ist es, eine Brause zum Gießen zu verwenden. Große Flächen lassen sich auch bequem mit einem Rasenberegner wässern, der allerdings mindestens drei Stunden eingeschaltet bleiben sollte.

Kein Kalk im Wasser

Weiches Wasser bedeutet geringen Kalkgehalt. In vielen Gegenden ist kalkhaltiges Wasser ein großes Problem. Nicht nur für die Haushaltsgeräte, sondern auch für viele Pflanzen: Alle Zitrusgewächse und Moorbeetpflanzen vertragen kalkhaltiges Wasser schlecht und reagieren mit vergilbenden Blättern.

So wird richtig gegossen

Jedes Jahr dasselbe: Zuerst wird über den Regen gejammert – und dann über die Hitze!

Häufige Gießfehler

- Das Gießen am Morgen verringert die Gefahr von Pilzkrankheiten und Schneckeninvasion.
- Niemals die Blätter „abwaschen" – die Erde soll feucht werden.
- Regenwasser oder angewärmtes Leitungswasser verwenden – besonders für Kübelpflanzen.
- Im Garten alle 3–4 Tage kräftig gießen – mindestens 10–20 Liter pro Quadratmeter.
- Mulchdecken bei großer Hitze verstärken.

Noch ein Trick!

Wasser dringt am besten in den Boden ein, wenn der Luftdruck fällt. Beachten Sie aber die Wettervorhersage – fallender Luftdruck bringt oft auch Regen ...

Foto: fotolia.de/Zanni

Wasser – ein kostbares Gut!

Mit Mulch: mehr Leben und Nährstoffe

Der Boden ist die „Lebensschicht“ auf der Erde. Ohne die 20 cm Humus gäbe es kein Pflanzenwachstum und damit auch keine Nahrung für uns Menschen. Daher sollten wir der obersten Erdschicht unsere besondere Aufmerksamkeit zukommen lassen. Im Großen wie im Kleinen: Ist das Bodenleben in Ordnung, ist auch im Garten viel weniger zu tun.

Die Natur als Vorbild

In der Natur gibt es kaum nackte, unbedeckte Erde. Nehmen wir doch nur ein Baugrundstück als Beispiel: Kaum sind die Erdhügel planiert, zeigen sich schon die ersten Blattspitzen – meist vom Klatschmohn. Innerhalb von ein paar Wochen ist das Stück Land begrünt und damit vor zu viel Sonne, Regen und Wind geschützt. Der „intelligente Gärtner“ macht dies nach: Brachflächen werden sofort bepflanzt (siehe „Bodendecken“ und „Lebende Pflanzendecken“).

Foto: fotolia.com/N-Media-Images

Intelligentes Düngen

Die ausgewogene Versorgung der Pflanzen mit Nährstoffen ist eine der wichtigsten Aufgaben im Garten. Dabei gibt es zwei unterschiedliche Möglichkeiten: die organische und die mineralische Düngung.

Organische Düngung

Nicht die Pflanzen werden „gefüttert“, sondern das Bodenleben – mit Kompost, Hornspänen, Gründüngung etc. Der große Vorteil: Die Nährstoffe werden von den Mikroorganismen im Boden je nach Temperatur gebildet. Dabei entsteht ein krümeliges, Wasser speicherndes Substrat.

Das Tolle am organischen Dünger: Er ist intelligent! Denn je nach Temperatur und Feuchtigkeit holen Milliarden von Mikroorganismen jene Stoffe aus Hornspänen & Co, die Pflanzen benötigen – immer genau in dem Ausmaß, wie sie wachsen.

Mineralische Düngung

Bei der Verwendung von Kunstdünger – das ist ein mineralischer Dünger – werden die Nährstoffe den Pflanzenwurzeln in konzentrierter Form zur Verfügung gestellt. In manchen Situationen scheint dies sinnvoll. Große Mengen an Dünger gehen aber verloren und werden ungenutzt ausgewaschen. Wer mineralisch düngen will, sollte die neuen Langzeitdünger verwenden, deren Nährstoffabgabe über mehrere Monate anhält.

Humus – das Geheimnis

Blättert man in alten Gartenbüchern, zeigt sich, dass dem Boden eine ganz große Bedeutung beigemessen wurde (siehe auch „Umgraben – nein danke!“). Das Mulchen oder Bodenbedecken, das sich die intelligenten Gärtner von der Natur abgeschaut haben, ist eine Rückkehr zu diesem alten Wissen. Mit der Erfindung des Kunstdüngers wurde dieses Wissen in den Hintergrund gedrängt, und erst in den letzten Jahren hat man erkannt, dass früher manches bequemer war.

Bodendecken – womit?

Ob Rindenmulch oder Holzhäcksel, Holzfaser oder Sägespäne – alle diese Mulchmaterialen sind praktisch unbegrenzt haltbar, wenn man sie vor Regen geschützt aufbewahrt. Beim Kauf von abgepacktem Mulchmaterial sollte man daher darauf achten, dass die Säcke trocken gelagert wurden. Feucht gewordenes Mulchmaterial ist zwar nicht schädlich, es kann aber zu Geruchsbelästigung kommen. Außerdem geht die Verrottung viel rascher vor sich und die unkrauthemmende Wirkung nimmt ab.

Rindenmulch – besonders preisgünstig

Rindenmulch ist ein praktisches Mulchmaterial – es ist relativ preisgünstig und unterdrückt das Unkraut durch seinen Gerbsäureanteil. Aber auch die stickstoffbindende Wirkung des Mulchs verhindert das Wachstum von Pflanzen in seiner Umgebung. Daher beschränkt sich die Verwendung der Rinde allerdings auf Bereiche mit tief wurzelnden Pflanzen.

Verwendung: Ideales Mulchmaterial bei Hecken, Bäumen und anderen Gehölzen. Auch im Bereich von Himbeeren, Brombeeren, Heidel- und Stachelbeeren hat sich die Rinde hervorragend bewährt. Vor dem Aufbringen von Rinde sollte unbedingt Kompost und/oder ein organischer Langzeitdünger aufgestreut werden.

Rindenhumus – die kompostierte Rinde

Rindenhumus oder Rindenkompost, wie er häufig auch genannt wird, ist die praktische Ergänzung zur unverrotteten Rinde. Er ist feiner in der Struktur und frei von Stoffen, die das Wachstum bremsen. Die unkrautverdrängende Wirkung beruht also nur darauf, dass das Material relativ hoch auf den Boden aufgetragen wird.

Verwendung: Rindenhumus ist in allen Gartenbereichen einsetzbar. Durch seinen deutlich höheren Preis sollte er aber gezielt dort eingesetzt werden, wo die normale Rinde nicht verwendet werden kann: im Gemüsegarten, im Stauden- und Blumenbeet – also überall dort, wo die Pflanzen flache Wurzeln haben und durch Gerbsäure geschädigt würden.

Holzfaser – die leichte Alternative

Seit einigen Jahren sind Holzfasern („Aktivfaser") als Mulchmaterial erhältlich. Die Fasern werden aus Fichtenholz hergestellt und teilweise mit Konservierungsmitteln aus der Lebensmittelindustrie behandelt. Damit wird die Verrottung etwas gebremst. Die feine Faser vernetzt nach dem ersten Anfeuchten und bildet ein dichtes Gewebe, das Unkrautwachstum und zu rasches Austrocknen verhindert.

Foto: www.verlagsbuero-garten.at

Holzfaser

Verwendung: Holzfasern lassen sich im gesamten Gartenbereich als Mulchmaterial einsetzen, sind allerdings höher im Preis. Wie jedes Holzmaterial bindet auch diese Faser beim Verrotten Stickstoff. Daher sollte auf ausgewogene Düngung geachtet werden.

Holzhäcksel – die selbst gemachte Alternative

In vielen Gärten lässt sich dieses Mulchmaterial in großen Mengen herstellen – gibt es doch genug Äste, die alljährlich entfernt werden müssen. Ein Häcksler, den man auch von einem Gartenverein leihen kann, macht aus den Holzstücken das Häckselgut.

Verwendung: Holzhäcksel ist als Wegbelag hervorragend geeignet. Auch unter gut eingewurzelten Hecken und Bäumen ist dieses Mulchmaterial geeignet. Überall sonst bewirkt das Holz aber sehr starken Stickstoffabbau und damit ein deutlich gebremstes Wachstum der gemulchten Pflanzen.

Sägespäne – billig, aber problematisch

Sägespäne sind meist besonders preisgünstig erhältlich. Man muss allerdings auf gute Qualität achten, die absolute Reinheit garantiert. Aus Tischlereien kommen nämlich oft Sägespäne, die mit Lacken, Leim oder Kunststoffen verunreinigt sind.

Rasenschnitt

Foto: Ploberger

Verwendung: Für Sägespäne gilt, was für Holzhäcksel gesagt wurde: Nur bei tief wurzelnden Pflanzen verwenden, denn der Stickstoffabbau im Boden ist hoch.

Rasenschnitt – das bequeme Mulchen

Rasenschnitt fällt in den meisten Gärten in solchen Mengen an, dass er am Komposthaufen zum Problem wird. Daher ist das Mulchen mit Rasenschnitt nicht nur eine ideale Entsorgungsmöglichkeit – Rasenschnitt ist auch als Mulchmaterial für alle Bereiche geeignet.

Verwendung: Rasenschnitt kann direkt so verwendet werden, wie er im Grasfangsack des Rasenmähers anfällt. Ein Antrocknen des Rasenschnitts ist nicht notwendig, sogar nachteilig, weil das Mulchmaterial dann nicht kompakt zusammentrocknet, sondern vom Wind verblasen wird. Gerade beim Rasenschnitt sollte die Mulchschicht nicht zu dick sein, sonst kommt es zu Fäulnis. Frisch aufgetragen sind 10 cm ideal – nach dem Antrocknen werden daraus meist um die fünf Zentimeter.

Laub – das herbstliche Mulchen

Laub fällt – vor allem in älteren Gärten mit großem Baumbestand – in solchen Mengen an, dass es kaum noch zu entsorgen ist. Ein Teil davon findet sicherlich als Mulchmaterial hervorragende Verwendung.

Kastanienlaub

Kastanienlaub sollte bei Befall der Kastanien-Miniermotte nicht kompostiert und schon gar nicht als Mulchmaterial verwendet werden. Die Motte überwintert nämlich im Laub und befällt die Bäume immer wieder. Am besten ist die Entsorgung über eine Müllverbrennung – Gemeinden geben diesbezüglich Auskunft.

Verwendung: Unter Hecken und Bäumen bildet es genau die natürliche Atmosphäre, die Pflanzen und auch Tiere (siehe „Die Arbeitssparer“) benötigen. Beachten Sie die Art des Laubes – Laub von Buche, Ahorn, Birke und allen Obstbäumen ist dazu geeignet. Blätter von Eiche, Nussbaum und Kastanie (siehe „Tipp“) eignen sich nur in geringen Mengen und da am besten gemischt mit anderem Laub als Mulch.

Das fliegende Laub

Mit Laub lässt sich auf natürliche Weise mulchen. Probleme macht allerdings manchmal der Wind. Daher wird Laub am besten mit einer dünnen Schicht Komposterde (oder auch Holzhäcksel oder Rindendekor) abgedeckt. Der Wind kann es dann nicht mehr wegtragen und eine dicke Humusschicht entsteht.

Steine – ein ganz anderes Beet

Kies und Steine als Mulchmaterial sind in unseren Breiten nicht üblich. Im Süden dagegen sind sie zur Bodenbedeckung besonders beliebt. Vor allem dunkle Steine fungieren im Frühjahr als Wärmespeicher und erlauben zeitigen Anbau. Kompliziert ist freilich die Bodenbearbeitung. Das Material darf nicht eingestochen, sondern muss zuvor abgerecht und dann wieder neu aufgetragen werden.

Verwendung: Überall dort, wo Beete mit südlichem Charakter angelegt wurden, ist Kies als Mulchmaterial geeignet. Alle trockenheitsliebenden Pflanzen, wie winterharte Kakteen, Dachwurz und Sedum-Polster, sind für solches Mulchmaterial dankbar. Meist ist es notwendig, ein Unkrautvlies darunter aufzulegen, um das Durchwachsen von Wildkräutern zu verhindern.

Ehe Steine als Mulchmaterial aufgebracht werden, wird der Boden gut vorbereitet: Erde mit Kies und Sand vermischen und damit durchlässig machen.

Lebende Pflanzendecken

Nicht nur „totes“ Material ist zum Abdecken geeignet – wie in der Natur kann eine dichte Pflanzendecke ebenfalls den Boden und damit auch die Humusschicht schützen. Dabei ist aber zu beachten, welche Licht- und Bodenansprüche die Pflanzen stellen.

Efeublätter – das ewige Grün

Einer der dankbarsten Bodendecker im Schatten und Halbschatten ist der Efeu *(Hedera helix)*. Innerhalb relativ kurzer Zeit wird der Boden von einem dichten Laubschirm abgedeckt. Man sollte dabei auf großblättrige Arten achten, da diese wuchsfreudiger sind. Es gibt aber Hunderte Arten – eine Fundgrube für Liebhaber.

Verwendung: Unter Hecken in kleinen „Wäldern“, in typischen Schattengärten. Besonders hübsch sind frühjahrsblühende Zwiebelblumen, die zwischen den Efeu gepflanzt werden.

Immergrün – robust und zäh

Das Immergrün *(Vinca minor)* ist eine jener Pflanzen, die selbst dort noch wachsen, wo sich bereits ein dichter Wurzelfilz von Bäumen und Sträuchern gebildet hat. Neben den bekannten blau blühenden gibt es auch weiß blühende Sorten und solche mit panaschierten Blättern.

Verwendung: An schattigen Stellen als Unterpflanzung von Gehölzen bringt das Immergrün eine saftig grüne Laubdecke. Die Pflanzen nehmen den Laubfall und das herbstliche Aufstreuen von Kompost hin und wachsen bereitwillig weiter.

Blumenzwiebeln als Frühlingsgruß

Als Unterpflanzung von Gehölzen sind alle frühjahrsblühenden Blumenzwiebeln eine Augenweide. Besonders eignen sich: Winterling, Schneeglöckchen, Botanische Krokusse, Wildtulpen, Blausternchen und die aus England bekannten „Blue Bells“, die Blauglöckchen.

Um Wirkung zu erzielen, sollten die Mengen großzügig bemessen werden.

Foto: fotolia.de/E. Schittenhelm

Die Elfenblume zeigt ein besonders attraktives Laub mit schöner Herbstfärbung und deckt den Boden gut zu.

Foto: fotolia.de/emer

Immergrün *(Vinca minor)* bleibt das ganze Jahr über grün.

Einpflanzen von Blumenzwiebeln bedeutet großen Aufwand. Hier ein Trick für intelligente Faule: In einem großen Kübel die Zwiebeln mischen und dann möglichst unregelmäßig auf die Pflanzfläche streuen. Anschließend mit einer etwa 10 cm starken Kompostschicht abdecken und mit Mulch bedecken. Die Zwiebeln richten sich im Lauf der Jahre in die richtige Position und blühen ohne weiteren Pflegeaufwand.

Grüne Bodendecker – eine Auswahl

- **Günsel** *(Ajuga reptans)* – einmal Günsel, immer Günsel: Die Wuchsfreude dieses Bodendeckers ist beinahe nicht zu bremsen. Im Übergang zum Rasen kann er sogar mit dem Mäher kurz gehalten werden.
- **Elfenblume** *(Epimedium sp.)* – die kriechenden Wurzeln nehmen rasch große Flächen ein. Es sind weniger die Blüten als das Laub, das diese Pflanzen zu einer beliebten Unterpflanzung von Gehölzen macht.
- **Storchschnabel** *(Geranium sp.)* – für jeden Standort gibt es den passenden Storchschnabel: ob Sonne oder Schatten, ob feucht oder trocken. Ein besonders robuster und dekorativer Bodendecker.
- **Lungenkraut** *(Pulmonaria sp.)* – das Frühjahr beginnt mit einem enormen Blütenreichtum. Vor allem unter Laubgehölzen ist diese Pflanze typisch.
- **Golderdbeere** *(Waldsteinia sp.)* – ob Trockenheit oder viele Konkurrenzwurzeln – dieser Bodendecker hält alles aus. Die kleinen, gelben Blüten sind ein Lichtblick im Schatten.
- **Haselwurz** *(Asarum europaeum)* – glänzende, nierenförmige Blätter mit unscheinbaren Blüten.
- **Maiglöckchen** *(Convallaria majalis)* – bildet dichte Teppiche an nicht zu schattigen Stellen. Achtung, sehr giftig!
- **Scharbockskraut** *(Ranunculus ficaria)* – neigt zum Wuchern, ist aber nur im Frühling zu sehen. Nach dem Abblühen ziehen die Pflanzen ein.

Bunt gemischt …

ist halb gearbeitet!

Foto: www.verlagsbuero-gartena

So wirkt die Mischkultur

Jeder kennt das schönste Mischkulturbeet der Natur: die Blumenwiese. Und sie wächst nicht so, wie ein Gärtner sie wahrscheinlich angelegt hätte. Eine Reihe Margeriten, daneben eine Reihe Glockenblumen und dann noch eine Reihe Kuckucksnelken ...

Die Natur kennt eben keine Monokultur, und das nimmt sich der Faulenzergärtner zum Vorbild: Überall wird in Zukunft alles bunt gemischt gepflanzt, denn Pflanzen leben gern in Gemeinschaft, Harmonie und Vielfalt auf engstem Raum und stärken einander dabei. Vorbild ist die Blumenwiese, im Nutzgarten ebenso wie im Ziergarten.

Pflanzen nehmen nicht nur Stoffe aus dem Boden auf, sondern geben auch Stoffe ab. Denken Sie doch nur an den starken Geruch von Knoblauch. Ob nun ätherische Öle oder auch Düngestoffe, die „Nachbarn" ziehen daraus einen Nutzen. Die Abgabe ätherischer Öle einer Pflanze kann Schädlinge vertreiben: Zwiebelgeruch passt der Möhrenfliege überhaupt nicht, und so setzt der Naturgärtner neben eine Reihe Zwiebeln eine Reihe Karotten.

Umgekehrt passen aber auch manche Pflanzen nicht zusammen: Karotten können z. B. Erbsen nicht ausstehen.

Bunte Mischung mit Automatik

Es gehört schon ein wenig Erfahrung und Mut dazu: Viele Pflanzen suchen sich im Garten selbst ein angenehmes Plätzchen. Ob Königs- oder Nachtkerze, ob Akeleien oder Ringelblumen, ob Vexier- oder Felsennelke, und nicht zu vergessen der Frauenmantel. Eingangs pflanzt der Gärtner sie an einen bestimmten Ort, doch später machen sie sich selbstständig. Im ersten Jahr tauchen sie im Umkreis von einigen Metern auf, doch nach und nach erobern sie den gesamten Garten – allerdings immer genau jene Plätze, die ihnen zusagen.

Diese „automatische" Mischkultur ist wohl die bequemste Form – sie kann aber auch lästig werden. Wenn aus allen Beeten plötzlich die Nachtkerzen lachen, wird ein Eingreifen nötig sein.

Foto: www.verlagsbuero-garten.at

Weniger ist mehr! Manches im Garten geht ganz von selbst auf, anderes pflanzen wir bewusst durcheinander.

Lavendel und Knoblauch gegen Läuse

Ziergarten und Nutzgarten sind nicht streng getrennt: Kräuter stehen in den Blumenbeeten – z. B. im Rosengarten. Lavendel stärkt die Rosen und verringert die Gefahr einer Blattlausinvasion. Antilauswirkung zeigen auch Knoblauchzehen, die im Herbst unter Obstbäume gepflanzt werden.

Bunt gemischt im Obst- und Gemüsegarten

Keine Angst, bei der Mischkultur kann man nicht allzu viel falsch machen. Probieren geht über langes Studieren. Und Sie werden sehen, wie rasch man Erfahrungen sammelt.

Trotzdem einige Faustregeln: Setzen Sie tief wurzelndes Gemüse (Karotten, Schwarzwurzeln, Rettich) zu flach wurzelndem (z. B. Feldsalat, Zwiebeln); rasch wachsende Arten (Radieschen, Kresse, Spinat, Salat) zu langsam wachsenden (Tomaten, Kohl, Gurken). Hauptziel ist es, Schädlinge abzulenken und Nützlinge anzulocken!

Wo viele verschiedene Pflanzenarten durcheinanderwachsen, haben Krankheiten und Schädlinge nur geringe Chancen, sich auszubreiten. Pflanzen Sie Kapuzinerkresse auf die Baumscheiben von Obstbäumen. Für Blattläuse ist sie viel attraktiver als die Blätter des Apfelbaums, die so vor ihnen bewahrt bleiben.

Foto: www.verlagsbuero-garten.at

In Längsreihen ausgepflanztes Gemüse erleichtert die Bodenbearbeitung im Mischkulturbeet.

Kräuter gegen Schnecken

Schnecken machen zwar vor keiner Pflanze halt; dennoch gibt es manche Kräuter wie Thymian und Kresse, die sie weniger mögen. Wenn Sie Ihren Garten oder ein Beet mit diesen Pflanzen säumen, können Sie die Schneckeninvasion ein wenig bremsen.

Aus Erfahrung viel gelernt

Zwiebeln und Karotten sind für ihre gegenseitige Nachbarschaftshilfe bekannt: Zwiebeln halten Karotten die Möhrenfliege „vom Leib“, Karotten den Zwiebeln die Zwiebelfliege. Oder probieren Sie doch folgende Kombination aus: Tomaten, Kohl und Sellerie. Das ideale Dreiecksverhältnis! Tomaten schützen den Kohl vor dem Kohlweißling; Kohl wirkt im Gegenzug vorbeugend gegen die Blattfleckenkrankheit an Tomaten, ebenso aber auch gegen Sellerierost. Sellerie bietet zusätzlich Schutz vor dem Kohlweißling.

Bohnen bleiben von der Schwarzen Bohnenblattlaus verschont, wenn sie mit Bohnenkraut kombiniert werden.

Fadenwürmer im Boden, sogenannte Nematoden, können beispielsweise Erdbeeren oder Kartoffeln zu schaffen machen. Tagetes oder Ringelblumen zwischen die Reihen gepflanzt, halten die Nematoden aus dem Boden fern.

Gute Nachbarschaft funktioniert natürlich umso besser, je gesünder die Pflanzen sind und je sorgfältiger man sie anbaut und pflegt.

Gute Nachbarn ...

ungünstig — neutral — günstig für Nachbarschaftskulturen

Bunt gemischt im Kräutergarten

Längst hat die Mischkultur in allen Bereichen des Gartens Einzug gehalten. War früher noch die strikte Trennung der einzelnen Pflanzenarten gefragt, so weiß heute jedermann, dass damit schon der Grundstein für Probleme mit Krankheiten und Schädlingen gelegt wird.

Die Natur kennt keine Monokultur, deshalb sollten auch die Kräuter in einer Gemeinschaft zusammenleben, in der sie einander auf engstem Raum stärken und auch andere Pflanzen fördern. Ihr kräftiges Aroma fördert das Wachstum der anderen Pflanzen, verhindert aber in vielen Fällen auch den Schädlings- oder Krankheitsbefall.

Knoblauch gegen Läuse

Unter Obstbäumen soll man schon im Herbst mehrere Knoblauchzehen pflanzen.

Ringelblumen und Karotten

Ringelblumen und Karotten sind ideale Nachbarn. Gemeinsam sehen sie nicht nur hübsch aus, die Karotten wachsen ganz hervorragend.

Dill als idealer Partner

Dill wächst am besten, wenn er in Nachbarschaft zu Karotten oder Zwiebeln steht.

Tomaten mit Supergeschmack

Sellerie scheint der ideale Nachbar für Tomaten zu sein, die Früchte bekommen einen viel besseren Geschmack.

Schlechte Nachbarn

Basilikum
Weinraute
Beifuß
andere Pflanzen, will eine Einzelstellung
Dill
Fenchel
Estragon
Petersilie
Kümmel
Dill
Petersilie
Kopfsalat
Rauke
Kohlgewächse
Rosmarin
Gurke
Salbei
Gurke
Sellerie
Kartoffel, Kopfsalat
Schnittlauch
Bohne, Erbse, Kohl, Rote Rübe
Wermut
ist generell ein schlechter Nachbar

Gute Partner

Basilikum
Gurke, Tomate, Zwiebel
Bohnenkraut
Buschbohne, Kopfsalat, Zwiebel
Borretsch
Zucchini, Kohlrabi
Dill
Gurke, Kohl, Karotte (Möhre), Sellerie, Tomate, Zwiebel
Estragon
Gurke, Liebstöckel
Kamille
Kohl, Radieschen, Sellerie, Zwiebel
Kapuzinerkresse
Kartoffel, Tomate, Stangenbohne
Kerbel
Salat (Kerbel hält Läuse und Schnecken ab)
Kresse
Radieschen, Kopfsalat
Kümmel
Radieschen, Spinat, Kohlrabi
Lavendel
Rose
Majoran
Karotte (Möhre), Zwiebel, Lauch
Petersilie
Tomate, Radieschen, Zwiebel
Rainfarn
kleine Rainfarnhecken um den Gemüsegarten halten generell Schädlinge ab
Salbei
Kohl, Bohne, Karotte (Möhre)
Schnittlauch
Tomate, Karotte (Möhre)
Thymian
Kohl

Umgraben –

nein danke!

Foto: iStockphoto.com/cjp

So lässt man den Spaten ruhen

Lockere, weiche Erde – das ist der Traum vieler Gartenliebhaber. Und so wird umgegraben und umgegraben. Und nach einigen Wochen ist die Erde wieder so fest wie zuvor.

Der intelligente Faule lässt andere arbeiten. Einerseits wird der Boden konsequent mit Kompost versorgt, andererseits ständig gemulcht, also mit organischem Material bedeckt. Damit aus diesen organischen Stoffen Humus wird, benötigt man viele Millionen kleiner Helfer – die Mikroorganismen und Bodenbakterien. Eine sehr spezielle Gruppe von Gartenbewohnern, die an ihre Umgebung gewisse Ansprüche stellen – vor allem aber: Ruhe und Ungestörtheit. Deshalb wird im Faulenzergarten nicht mehr so oft zum Spaten gegriffen wie in einem herkömmlichen Garten.

Freilich: in der Anfangsphase heißt es vor allem: Boden lockern, sonst kommt es zu einer Verdichtung des Erdreichs, was für die Wurzeln von allen Pflanzen besonders schlecht ist.

Kompost und Mulch

Umgestochene Erde ist im Frühjahr sehr feinkrümelig. Damit Regen und Sonne die Erde nicht wieder verkrusten, sollen die Beete sofort mit Kompost versorgt und mit Mulch bedeckt werden.

Ein Lockern des Bodens ist nur zu Beginn einer Gartengestaltung nötig – später genügen Kompost, Mulch und eine lebendige Bodenbedeckung.

Foto: www.verlagsbuero-garten.at

Foto: fotolia.de/Kokhanchikov

In gut gemulchter Erde leben viele Regenwürmer, die für lockeren Boden sorgen.

Sanfte Bodenlockerung

Der Naturgärtner lockert den Boden auf folgende Weise:

Er sticht eine Grabgabel in die Erde und bewegt den Stiel ruckartig vor und zurück. Etwa alle 15 cm sollte dies erfolgen. Damit wird die Erde belüftet, gleichzeitig bleiben aber alle Schichten und Bodenorganismen dort, wo sie hingehören.

Nach einigen Jahren des biologischen Gärtnerns kann man ein für den Biogartenbau speziell entwickeltes Werkzeug verwenden, den Sauzahn. Er hat die Form einer Sichel, ist aber aus kräftigem Metall. Dieser Ziehhaken mit einem Gänsefüßchen wird alle 10 cm diagonal durch die Erde gezogen.

Kompost: die Umgrabeautomatik

Kaum zu glauben – ein paar Schaufeln Kompost und schon erspart man sich das mühsame Bodenlockern?

Ganz so ist es nicht und nach der ersten Kompostgabe ist der Boden noch nicht locker – aber ein wenig Ausdauer und Geduld genügen, um ein Ergebnis zu sehen: lockere, humusreiche und wohlriechende Erde.

Besonders schwere, tonige Erde benötigt in der Anfangsphase viel Kompost und/oder gut verrotteten Stallmist. Damit wird das Bodenleben aktiviert und der Regenwurm beginnt mit der Arbeit. Sandige, stark durchlässige Erde ist ebenfalls für die längerfristige Kultur ungeeignet – Wasser und Dünger gehen im Untergrund verloren, ehe sie von den Pflanzenwurzeln aufgenommen werden können. Daher ist hier die Zugabe von organischem Material nötig. Bewährt hat sich in solchen Böden

Mit und ohne Mulchen: Wurzeln breiten sich im humusreichen Boden leichter aus – und der Regenwurm lockert den Boden.

Ein Helfer im Garten

Das Haustier des Naturgärtners ist der Regenwurm. Er wurde in früherer Zeit als das „Eingeweide der Erde“ bezeichnet, wohl deshalb, weil er abgestorbene Substanzen verspeist und daraus wertvolle Erde erzeugt.
Der Regenwurm überlebt nur, wenn er Nahrung hat: Mulchen liefert ihm die nötigen Substanzen.

Urgesteinsmehl. Dieses feinst geriebene Gestein ist ein Vitalstoff für den Boden. Mineralien kommen in die Erde und die Düngestoffe werden festgehalten und nicht ins Grundwasser ausgeschwemmt.

Sand – da rieselt die Erde

Lehmige, tonige Erde, die nach dem ersten Regen wie ein Schmierfilm rutscht. Erde, die im Frühjahr lange kalt und nass bleibt. Erde, die bei Trockenheit tiefe Risse bildet; die beim Umgraben am Spaten kleben bleibt. All das findet sich in Ihrem Garten?

Dann heißt es zum Telefon greifen und gleich eine Fuhre Sand bestellen: Am besten nehmen Sie Quarzsand oder scharfen Flusssand. Etwa 5–10 cm hoch wird er aufgetragen und dann eingegraben: Ein Kleingartenverein oder Baumarkt hat sicher eine Fräse zum Verleihen, ansonsten sollte man einen Gartengestalter in der Umgebung engagieren, denn händisch Umgraben ist Schwerstarbeit. Eine Arbeit allerdings, die sich später als ideal für Faulenzer erweist. Denn guter Boden ist das Fundament für einen bequemen Garten.

Und noch ein Erdverbesserer

Rindenhumus – also kompostierte Rinde – ist ebenfalls ein hervorragender Erdverbesserer. Gerade in der ersten Phase, wenn noch nicht so viel Kompost zur Verfügung steht, ist Rindenhumus ein relativ preiswertes Material zur Lockerung des Bodens.

Bodenbearbeitung für Anfänger

1. Im Spätherbst den Boden tiefgründig umgraben.
2. Erde grobschollig den Winter über liegen lassen, der Frost zerkleinert die Erdbrocken.
3. Im Frühjahr Kompost 5 cm stark auftragen und leicht einarbeiten; gibt es im Garten noch keinen Kompost, dann am besten bei kommunalen Anlagen besorgen.
4. Sofort dick mulchen – mit Rasenschnitt, Rindenhumus, Rindenkompost oder Holzfasern.

Foto: fotolia.de/DLeonis

Wer in den Boden investiert, spart sich später viel Mühe und Ärger.

Kein Torf!

Torf, in Ballen oder Säcken, ist nicht zum Bodenverbessern geeignet. Zunächst einmal steht der Naturschutzgedanke im Vordergrund, der zum Schutz der Moore aufruft, zum Zweiten hat reiner Torf zwei große Nachteile: Er übersäuert den Boden und wird durch seine feine Struktur rasch abgebaut. Die bodenlockernde Wirkung würde nur für wenige Monate erhalten bleiben.

Gründüngung
für Bienen- und Bodenfreunde

In der Natur gibt es keine unbedeckte Erde. Wo genug Humus, Wasser und Licht ist, wird sich innerhalb kürzester Zeit Bewuchs einfinden. Man denke nur an die riesigen Erdhügel bei Baustellen. Kaum vergehen zwei, drei Monate, sind sie mit einem blutroten Mohnteppich überzogen.

Der gärtnernde Mensch macht sich das zum Vorbild und sät deshalb dort, wo er gerade kein Gemüse oder keine Blumen anbaut, eine sogenannte Gründüngung. Diese hat den Vorteil, dass die Erde rasch begrünt wird, nicht so schnell austrocknet und bei starkem Regen nicht abgeschwemmt wird. Alle hier aufgelisteten Pflanzen sind einjährig und frieren ab. Im Frühjahr bleibt ein abgetrockneter Filz an Blättern zurück, die nicht (!) entfernt werden dürfen, sondern beim Neuanpflanzen bloß aufgerissen werden. Anschließend wird wieder gemulcht.

Foto: iStockphoto.com/proxyminder

Phacelia, auch Bienenfreund genannt, zählt zu den wichtigsten Gründüngungspflanzen.

Die Hitparade der grünen Bodenverbesserer

- **Weißer Senf** *(Sinapis alba)* – lockert tief, sammelt Stickstoff und bedeckt den Boden
- **Gelbe und Blaue Lupine** *(Lupinus luteus* und *L. angustifolius)* – einjährig; tiefe Durchwurzelung und Stickstoffsammler
- **Bienenfreund** *(Phacaelia tanacetifolia)* – dichtes Wurzelgeflecht, Bienenweide
- **Ölrettich** *(Raphnus sativus)* – bei schweren Böden ideal, da starke Pfahlwurzel
- **Persischer Klee** *(Trifolium ruspinatum)* – Stickstoffsammler und guter Bodendecker

So wird umgestochen – wenn's unbedingt sein muss

Intelligente, faule und naturnahe Gärtner werden nur in der Anfangsphase zum Spaten oder zur Grabgabel greifen, um den Boden zu lockern. Später, wenn die Erde ausreichend mit Humus versorgt ist, lockern Regenwurm & Co den Boden.

Das Aus fürs Umgraben

Für intelligente Faule ist es leicht zu erkennen, wann Umgraben verzichtbar ist: Sobald im Herbst beim Umstechen die Schollen zerfallen, enthält der Boden genügend Humus und muss nicht mehr gelockert werden.

Dennoch muss das Erdreich in seiner obersten Schicht gelockert werden, denn es gibt für die Pflanzen nichts Schädlicheres als einen verdichteten und damit sauerstoffarmen Boden.

7 Tipps zum Umgraben

1. Wählen Sie zum Umgraben, wenn nur irgendwie möglich, den Spätherbst. Der Frost im Winter „sprengt" nämlich die Erdschollen mechanisch, und das erleichtert später auch den Bodenlebewesen, aktiv zu werden.
2. Verwenden Sie als Werkzeug eine stabile Grabgabel – am besten aus Edelstahl, sie hält Jahrzehnte!
3. In den Tagen vor dem Umgraben sollte es geregnet haben, ansonsten muss die Fläche gut gewässert werden.
4. Der Boden darf erst betreten werden, wenn sich die Feuchtigkeit so weit verteilt hat, dass keine Erde mehr an den Schuhen kleben bleibt.
5. Frisches Bauland sollte zwei Spaten tief gelockert werden.
6. Die Erdschollen verkehrt herum und unzerkleinert auf die Erde zurücklegen.
7. Nach dem Umgraben die Fläche bis zum Frühjahr nicht mehr betreten. Ist die Erde abgetrocknet, nur mit dem Rechen glätten.

Die Erde muss ausreichend feucht sein. Dann wird Reihe für Reihe der Boden gelockert. Die Schollen bis zum Frühjahr nicht betreten, denn der Frost im Winter lässt feinkrümelige Erde entstehen.

Faule rütteln und ziehen an
Gabel und Sauzahn

Nur scheinbar ist in einem Garten das Erdreich völlig gleich: Hier gibt es mehr Sonne, dort mehr Staunässe und an einer anderen Stelle wurde der Boden stark verdichtet.

Mit Bodenverbesserungsstoffen wie Kompost und Gründüngung erzielt jeder nach einiger Zeit einen guten Boden. Spätestens dann heißt es für intelligente Faule, nur mehr „an der Gabel zu rütteln".

Der Sauzahn – eine der genialsten Erfindungen! Mit so wenig Kraft so viel Arbeit zu erledigen – es könnte ein intelligenter Fauler gewesen sein, der dieses Gartenwerkzeug erfunden hat. Nur dort, wo der Boden mit Kompost versorgt und regelmäßig gemulcht wird, lässt sich dieses Werkzeug verwenden. Erst an einer Stelle mit der Grabgabel lockern, dann diagonal durchziehen. Auch mit der Gartenkralle kann der Boden vor allem in Gärten mit hohem Humusanteil perfekt gelockert werden.

7 Tipps zum Bodenlockern

1. Das Lockern des Bodens kann jederzeit im Jahr erfolgen.
2. Verwenden Sie dazu eine robuste Grabgabel mit möglichst langen Zinken. Viele Biogärtner lockern den Boden auch mit dem Sauzahn – ein sichelförmiges Grabegerät mit einem Gänsefüßchen vorn, das durch den Boden gezogen wird.
3. Die Erde sollte feucht, aber nicht nass sein – es sollte möglichst geregnet haben oder der Boden gut gewässert worden sein.
4. Keinesfalls darf die Erde betreten werden, wenn sie so nass ist, dass sie noch an den Schuhsohlen kleben bleibt.
5. Stechen Sie die Grabgabel alle 10 cm vollständig in den Boden ein.
6. Rütteln Sie nun kräftig nach vor und zurück, sodass sich die Erde im Umkreis der Gabel hebt. Oder ziehen Sie den Sauzahn diagonal durch.
7. Beseitigen Sie eventuelle Erdrisse, indem Sie mit einem Rechen oberflächlich den Boden bearbeiten. Dies ist dann besonders wichtig, wenn es im Garten viele Schnecken gibt, die in den Erdritzen Unterschlupf finden.

In regelmäßigen Abständen an der Gabel rütteln. Zum Schluss beseitigen Sie die Erdrisse mit dem Rechen.

Die feuchten Beete werden mit dem Sauzahn diagonal durchfurcht.

Das wichtigste Werkzeug

Foto: www.neumayr.cc

Bei der Werkzeugauswahl gilt: Weniger ist oft mehr!

Die Checkliste für die Grundausstattung

- Spaten und Grabgabel
- Schaufel und Mistgabel
- Sauzahn
- Hacke (Kräuel, Haue, Häunel)
- Rechen (Harke) und Laubrechen
- Reisigbesen
- Gartenschere
- Heckenschere
- Pflanzensprüher
- Gießkanne(n)
- Schlauch mit Düsen und Kupplungen; evtl. Schlauchwagen
- Bewässerungsschläuche
- Kübel und Körbe
- Stäbe und Bindfäden
- Schubkarren
- Rasenmäher
- Unkrautflämmgerät

Wer einen Garten neu anlegt, der wird wohl als Erstes ein Gartencenter, einen Baumarkt oder ein Fachgeschäft für Gartenzubehör aufsuchen. Und dann beginnt das große Rätselraten: Welches Werkzeug benötigt man und, vor allem, wie sieht es mit der Qualität aus?

Meist ist der Preis das Entscheidungskriterium. Dennoch: Qualitätswerkzeug kostet einfach mehr. Eine etwas größere Investition lohnt sich und spart Ärger.

In großen Gärten haben sich elektrische Geräte bewährt, in kleineren reichen auch mechanische – genannt seien Rasenmäher oder Heckenschere.

Spaten und Grabgabel aus Edelstahl

Spaten und Grabgabel zählen zu den wichtigsten Geräten im Garten und sollten daher von hoher Qualität sein. Als Material empfehle ich ausschließlich Edelstahl mit einem kräftigen Holzstiel. Alle anderen Geräte – und davon hatte ich genug – sind spätestens nach einer Saison abgebrochen, vor allem, wenn das Erdreich sehr fest ist. Arbeitet eine Frau mit den Geräten, so ist die „Damenversion" zu empfehlen. Sie ist etwas kleiner und damit leichter zu handhaben.

Ein Stiel – viele Geräte

Das von den Geräteherstellern erfundene Prinzip – ein Stiel für viele Geräte –, ist praktisch, doch manchmal auch ärgerlich, ist es doch bei der Gartenarbeit meist so, dass nicht bloß ein Gerät verwendet wird, sondern manchmal zwei oder drei. Hat man nur einen Stiel, heißt es ständig Stielwechseln – und das kostet Zeit. Daher die wichtigsten Geräte unbedingt komplett kaufen – also mit Stiel.

Wasser ist … nicht nur zum Waschen da!

Ohne Wasser kein Leben, vor allem kein Gartenleben. Daher benötigt man schon von Beginn an eine ordentliche Ausrüstung mit Bewässerungsgeräten: Gießkanne – ob Plastik oder Blech bleibt jedem überlassen. Plastik ist leichter. Verzinkte Gießkannen haben aber einfach mehr Charme.

Beim Schlauch weniger auf die Optik als auf die Festigkeit schauen: Wenn nur irgendwie möglich, verwenden Sie einen 3/4-Zoll-Schlauch, der transportiert wirklich genügend Wasser – wenn die Gartenwasserleitung nicht zu klein dimensioniert wurde! Als Endgeräte können Sie die Standardsortimente verwenden, noch praktischer und langlebiger sind Profigeräte aus Messing: Kupplungen, Brausen und Düsen halten dann gleich mehrere Gärtnergenerationen.

Werkzeug aus Kupfer

Manche meinen, es sei Hexenspuk – doch Untersuchungen haben gezeigt, dass da wirklich etwas dran ist: Werkzeug aus Kupfer gibt bei jeder Bodenbearbeitung konstant geringste Mengen des Metalls an den Boden ab. Kupfer fördert in so geringen Mengen das Bodenleben und sorgt für gesundes Wachstum.

Bequem und wassersparend: Perlschläuche

Gleich beim ersten Einkauf sollte ein sogenannter Perlschlauch im Einkaufswagen liegen. Diese aus Altreifen hergestellten und stark porösen Schläuche sind die Arbeitssparer schlechthin. Gerade nach der ersten Bepflanzung ist das gleichmäßige Gießen wichtig. Mit den in der Mulchschicht vergrabenen Schläuchen, die alle paar Tage einige Stunden eingeschaltet werden, erspart man sich die Gießarbeit.

Leuchtende Griffe

Auch wenn es überrascht: Schlauch und Griffe von Gartengeräten sollten eine möglichst grelle Farbe haben. Einerseits findet man die verlegten Schaufeln und Unkrautstecher schneller, andererseits verhindert die Signalfarbe ein Stolpern über den Gartenschlauch.

Foto: fotolia.de/itestro

Ein guter Gartenschlauch wird immer benötigt.

Schädlinge und Krankheiten

sanft bekämpfen

Foto: fotolia.de/Arsgera

Die Natur schlägt zurück?

Warum sind in meinem Garten Blattläuse, Schnecken oder diese kleinen roten Käfer an den Lilien? Habe ich sie eingeschleppt? Oder schlägt die Natur zurück? Nein! Schädlinge sind ein Teil der Natur und die Unterscheidung zwischen schädlichen und nützlichen Insekten hat erst der gärtnernde Mensch getroffen. Daher: keine Panik!

Schädlinge und Krankheiten sind jedoch ein Hilferuf der Pflanzen: Das natürliche System, eine ausgewogene Balance zwischen Freund und Feind, ist zusammengebrochen, der gesunde Lebenszyklus unterbrochen. In einer völlig intakten Natur gibt es an sich kein Schädlings-„Problem". Zwar sind auch hier Blattläuse ebenso zu finden wie Mehltau. Die natürliche Wuchskraft der Pflanzen sowie die zahlreichen natürlichen Feinde (wir nennen sie „Nützlinge") sorgen aber für eine ausreichende Dezimierung.

Foto: iStockphoto.com/xxmmxx

Die zarte grüne Florfliege ist ein hübscher und effektiver Nützling – ihre Larve kann in zwei bis drei Wochen bis zu 700 Blattläusen vertilgen.

So bekämpft der intelligente Faule Schädlinge

Nicht reagieren, sondern agieren, lautet die Devise: Gesunde Pflanzen, die am idealen Standort stehen, gleichmäßig mit Nährstoffen versorgt und regelmäßig gewässert werden, fallen den lästigen Saugern kaum zum Opfer. Marienkäfer & Co sorgen dafür.

Aber: Ob Käfer oder Raupe, nichts ist vor dem scharfen Auge des Pflanzenliebhabers sicher. „Was der Gärtner nicht kennt, das bringt er um!" Und dabei passieren dann die größten Fehler: Die Marienkäferlarve ist beispielsweise so ein „schreckliches" Getier. Tatsächlich aber ist gerade diese Larve ein großer Blattlaustiger. Ebenso wie die Florfliege, die im Winter in Treppenhäusern und Dachböden überwintert und oft für eine „ganz gefährliche" Motte gehalten wird.

Ohrwurmhäuschen

Auf Bäumen sogenannte „Ohrwurmhäuschen" befestigen. Es sind dies Tonblumentöpfe, die verkehrt herum aufgehängt werden und in die Heu oder Holzwolle gestopft werden. Tagsüber verstecken sich darin die Ohrwürmer, nachts marschieren sie auf Lausjagd aus.

Das sind **lausige Zeiten**

So mancher Gärtner ist angesichts seiner völlig verlausten Pflanzen schon dem Verzweifeln nahe gewesen. Daher gleich der wichtigste Rat vorweg: Ein echter Faulenzergärtner bleibt gelassen, wenn die ersten Läuse auftreten. Sein Garten ist so angelegt, dass viele Nützlinge Unterschlupf finden. Und die sorgen für die nötigen Gegenmaßnahmen.

Hilfe gegen Lausbefall

Es gibt auch einige weitere Maßnahmen, die bei einer Lausinvasion zur Bekämpfung eingesetzt werden können. Sie sehen zwar im ersten Moment nach viel Arbeit aus, machen aber später durch das Schonen der Nützlinge keine weiteren Aktionen gegen die Schädlinge erforderlich:

- Blattläuse (z. B. an Rosenknospen) zwischen Daumen und Zeigefinger zerdrücken.
- Befallene Blätter mit einem scharfen Wasserstrahl aus dem Gartenschlauch abspülen.
- Pflanzen mit einer Schmierseifenlösung abwaschen und nach einiger Zeit mit reinem Wasser nachspülen. (Vorsichtig anwenden, Nützlinge werden gefährdet.)
- Spritzungen mit Pyrethrum-Mitteln (Pyrethrum ist ein natürliches Gift, das aus den Blüten einer afrikanischen Chrysanthemenart gewonnen wird). Sorgsam anwenden, denn auch dieses biologisch vertretbare Mittel gefährdet nützliche Insekten – also nur als absolute Notlösung einsetzen.

Die Blattlausgegner

- Vögel
- Florfliegen
- Marienkäfer
- Ohrwürmer

Foto: www.verlagsbuero-garten.at

Das Ohrwurmhäuschen – ein Versteck für „Blattlausvertilger“

Die größte Plage: Schnecken

Selbst wenn es schwerfällt und man am liebsten sofort mit den stärksten chemischen Mitteln eingreifen möchte: Auch hier gilt es zunächst, Ruhe zu bewahren und die Gegebenheiten im Garten zu prüfen – vor allem, ob es genug Unterschlupf und Lebensraum für Nützlinge gibt.

Die wichtigsten Abwehrmaßnahmen – Schritt für Schritt

- Einsammeln (in der Nacht, eventuell Holzbretter auflegen, unter denen sich die Schnecken verkriechen) und mit kochend heißem Wasser überbrühen.
- Pflanzen rund um Beete setzen, die Schnecken nicht riechen können: vor allem Senf, Thymian und Kapuzinerkresse.
- Sägespäne, Steinmehl und Holzasche rund um gefährdete Pflanzen ausstreuen (hilft nur bei Trockenheit).
- Bewährt hat sich auch ein sogenannter Schneckenzaun: Er besteht aus Blechstreifen, die am oberen Ende scharf umgebogen sind. Die Schnecken können dieses Hindernis nicht überwinden. Es gibt übrigens auch schon einen „elektrischen Schneckenzaun". Hier sind in Plastikstreifen blanke Drähte eingefügt, die mit einer Batterie gespeist werden. Die Tiere werden dabei nicht getötet, sondern durch einen leichten Elektroschock zum Umkehren „gezwungen".

Schneckenvertilger und ihre Vorlieben

- **Igel** – benötigt Laub und Äste zum Verstecken und Nestbau.
- **Laufkäfer** – leben in der Laubschicht unter Bäumen und Sträuchern.
- **Blindschleichen** – leben in Mauern, Totholzhaufen und beim Kompost.
- **Kröten** – benötigen ein Biotop mit flacher, naturnah gestalteter Uferlandschaft.
- **Eidechsen, Salamander und andere Reptilien** – leben in Trockenmauern.

Foto: iStockphoto.com/Mac99

Schnecken haben viele natürliche Feinde, die es zu fördern gilt.

Schnecken sind Bierliebhaber

Lange Zeit galt die Bierfalle als das Allheilmittel. Mittlerweile wird sie nur dort empfohlen, wo Beete mit Schneckenzäunen abgegrenzt sind. Sonst lockt sie nämlich zu viele Schnecken an. Bierfallen funktionieren so: Plastikbecher oder Gläser in den Boden eingraben und zu 1/3 mit Bier füllen: Die Schnecken werden durch den Geruch angezogen, rutschen in die Falle und verenden. Als Regenschutz kann man über die Falle einen größeren Becher stellen.

Die Schneckenpolizei

Indische Laufenten sind der Geheimtipp unter den Schneckengeplagten. Freilich haben diese Tierchen zwei große Nachteile: Sie können nur pärchenweise „engagiert“ werden. Und sie benötigen einen relativ großen Garten (mindestens 3000–4000 Quadratmeter). In kleineren Gärten lohnt es sich, die Schneckenvertilger für drei bis vier Wochen zu mieten. Würden sie länger bleiben, wäre der Garten bald ohne Regenwurm, und das wäre für den Boden eine Katastrophe.

Noch etwas: Laufenten benützen keine Toilette ... Man muss den Kot, der überall zu finden ist, einfach hinnehmen.

Foto: iStockphoto.com/aloha_17

Nacktschnecken im Garten. Auch sie sind Teil der Natur – daher nichts überstürzen.

Schnecken sammeln sich am liebsten dort, wo es feucht und dunkel ist. Daher Bretter auflegen – so können die Tiere und im Herbst auch ihre Eigelege leicht abgesammelt werden.

Schneckenkorn – ja oder nein?

Schneckenkorn gilt landläufig als die einfachste Möglichkeit, die lästigen Plagegeister zu beseitigen. Doch herkömmliches Schneckenkorn besteht aus Stoffen, die gemäß neuesten Untersuchungen auch Laufkäfern, Regenwürmern und Igeln gefährlich werden können. In einem österreichischen Test wurde ein auf Eisen-II-Phosphat aufgebautes Mittel als einziges Schneckenkorn mit „gut“ eingestuft – vor allem deshalb, weil es keine schädlichen Auswirkungen auf die Umwelt hat.

Foto: fotolia.de/Martina Berg

Für Laufenten sind Schnecken ein Leckerbissen.

Probleme und Problemchen
im Überblick

Ameisen

Gelten eher als „Lästlinge“, denn als Schädlinge. Ärgerlich sind sie aber, da sie sich Blattläuse als „Haustiere“ halten und manche Arten auch die Wurzeln von Sämlingen anknabbern.

Lavendel, Majoran und Thymian, ebenso wie die Blätter der Tomaten, haben abschreckende Wirkung. Biologische Streumittel, die Geruchsstoffe enthalten und die Ameisen verwirren, haben sich im Außenbereich bewährt. Im Innenbereich sind die ungiftigen Ameisenfallen vorzuziehen. Außerdem lassen sich Ameisenbauten im Freien ganz leicht umsiedeln: umgestülpte Tonblumentöpfe über die Nester stellen. Nach einigen Tagen bauen die Ameisen darin ein neues Nest, das sich dann im Wald oder auf einem brachliegenden Grundstück entsorgen lässt.

Drahtwurm

Vor allem im Frühjahr bringt er die Gärtner zur Verzweiflung: Über Nacht liegen die Salatpflänzchen matt und müde auf der Erde. Gräbt man sie aus, findet man im Wurzelballen einen kleinen orangefarbenen „Wurm“, der die Wurzeln abgefressen hat.

Als Nützlinge sind Maulwurf, Spitzmaus und einige Vögel einzustufen. Auch Hühner fressen Drahtwürmer mit Vorliebe – allerdings leider auch die zu schützenden Pflanzen.

Einzige – biologisch vertretbare – Abwehr ist da das Vergraben halbierter Kartoffelstücke: Alle 50 Zentimeter werden sie mit der Schnittstelle nach unten eingegraben. Die Drahtwürmer bohren sich in die Kartoffel und können so leicht abgesammelt werden. Kontrollen sollten alle drei Tage erfolgen.

Engerlinge

In manchen Gegenden sind sie eine echte Plage, anderswo sind sie beinahe unbekannt.

Foto: fotolia.com/joerg kemmler

Der Igel ist ein großer Nützling wie auch die Maulwürfe frisst er gern Engerlinge.

Gute Engerlinge

Häufig findet man in Komposthaufen Engerlinge. Diese Larven des Rosenkäfers sind jedoch nicht schädlich, denn sie fressen nur abgestorbenes Material. Maikäfer-Engerlinge sind nur zu finden, wo es saftige, frische Wurzeln gibt.

Foto: www.verlagsbuero-garten.at

Die Raupen des Kohlweißlings fressen liebend gern die Kohlpflanzen an.

Als Engerlingvertilger gelten Igel, Maulwurf und Hühner.

Bei der Bodenbearbeitung sollten die Maikäferlarven gründlich abgesammelt werden. Sie können an Hühner verfüttert oder auf einer Terrasse aufgelegt werden – für die Amseln ein Festmahl!

Kohlweißling

So schön die Kohlweißlinge auch durch den Garten flattern – in einem Beet mit Kohlpflanzen können sie ganz beträchtlichen Schaden anrichten.

Die wirksamste – naturgemäße – Bekämpfung wäre mit Schlupfwespen. In kleineren Gärten ist dies aber kaum nötig. Besser sind hier sogenannte Insektenschutznetze oder das Absammeln der Raupen.

Pflanzen Sie die Kohlgewächse in Mischkultur mit Tomaten.

Foto: fotolia.de/martinaraab

Der entzückende kleine Falter, der Kohlweißling, ist im Gemüsegarten leider gar nicht entzückend.

Maulwurfsgrillen

Vor allem in älteren Gärten, die über viele Jahre hinweg mit frischem Stallmist gedüngt wurden, halten sich diese Werren, wie sie auch genannt werden, auf. Sie können ganze Gemüsekulturen über Nacht abfressen und sind eine echte Plage.

Maulwurf, Vögel, Spitzmäuse sind die „Gegner" – allein freilich sind sie machtlos.

Falle für Maulwurfsgrille

Im befallenen Bereich alle 30–40 cm tiefe Marmeladegläser oder Blechdosen eben in den Boden eingraben.
Als Regenschutz und vermeintliches Versteck für die Tiere ein Brett so auf zwei flache Steine legen, dass es über dem Glas oder der Dose mit einem Spalt von 1 bis 1,5 cm zu liegen kommt.
Die Tiere suchen bei den nächtlichen Beutezügen Schutz und fallen in die Gläser.
Bewährt hat sich auch der Einsatz von sogenannten Nematoden. Diese winzig kleinen, für den Menschen ungefährlichen Fadenwürmer, die im Mai mit der Gießkanne ausgebracht werden, vernichten die Larven.
Bei kleinen Gemüsegärten ideal, bei großen Flächen aber meist zu kostspielig.

Schildlaus

Die Schildlaus ist der Oleander- und Zitrusschädling schlechthin. Passt das Winterquartier nicht, ist es also zu warm und/oder die Luft zu trocken, heften sich diese Schädlinge in kleinen Plättchen an Blätter, Stängel und Äste. Meist bemerkt man sie erst, wenn der Fußboden unter den befallenen Pflanzen mit einer klebrigen Substanz überzogen ist.

Gegner der Schildläuse sind Marienkäfer und auch Wespen.

Gegen Schildläuse müssen zwei Maßnahmen gleichzeitig gesetzt werden, da sowohl fest sitzende Schildläuse als auch umherkrabbelnde Tierchen gleichzeitig vorhanden sind.

1. Die Blattober- und -unterseiten sowie die Äste und den Stamm der befallenen Pflanze mit einer Schmierseifenlösung (etwa 2–3 Esslöffel Schmierseife auf 1 Liter Wasser) tropfnass einsprühen und einige Zeit einwirken lassen. Danach mit lauwarmem Wasser die gesamte Pflanze abbrausen.
2. Nach dem Abtrocknen die Pflanze mit einem Pyrethrum-Mittel ein zweites Mal behandeln. Damit werden die „wandernden" Schildläuse abgetötet.

Spinnmilben

Wie Schildläuse sind auch Spinnmilben typische „Überwinterungs-Schädlinge". Sie kommen ausschließlich dort vor, wo die Luft sehr trocken ist. Bei höherer Luftfeuchtigkeit verschwinden sie bald wieder.

Spinnen, Marienkäfer, Florfliegen und viele andere Nützlinge sind die Feinde der Spinnmilben, können sie aber bei falschem Pflanzenstandort nicht beseitigen.

Auch alle Spritzmittel – ob biologisch oder chemisch – helfen nur für relativ kurze Zeit, wenn die Standortbedingungen nicht passen. Kleinere Pflanzen lassen sich am einfachsten behandeln, indem sie mit reinem Wasser überbraust in einen großen durchsichtigen Plastiksack gesteckt werden. In der warmen Jahreszeit kommen befallene Pflanzen in den Regen. Achten Sie aber immer darauf, dass Zimmerpflanzen nicht in die pralle Sonne gestellt werden, da sie sonst Blattverbrennungen erleiden.

Weiße Fliege

Ganze Schwärme dieser lästigen Schädlinge steigen oft auf, wenn man Fuchsien, Tomaten oder auch Rhododendrenpflanzen berührt.

Weiße Fliegen werden oft beim Kauf von Pflanzen eingeschleppt. Daher sollte man immer die Blattunterseiten kontrollieren und bei Befall einen Extrastandort wählen, um die Tiere gleich von Anfang an zu bekämpfen.

Normalerweise reicht es aus, wenn bei den gefährdeten Kulturen Gelbfallen aufgehängt werden. Gelbfallen sind gelbe Kunststofftafeln, die mit ungiftigem Leim bestrichen sind. Die Weiße Fliege fliegt auf Gelb und wird gefangen.

Zusätzlich sollten aber Spritzungen mit Schmierseifenwasser (1 Esslöffel auf 1 Liter Wasser mit einem Spritzer Spiritus) durchgeführt werden.

Die lästigsten Krankheiten

Gerade bei Pilzerkrankungen ist der vorbeugende, vorausschauende Pflanzenschutz besonders wichtig. Es helfen gelegentliche Spritzungen mit Schachtelhalmbrühe. Sie stärken die Abwehrkräfte durch ihren hohen Kieselsäureanteil.

Rosenrost und Sternrußtau

Damals, ja damals stand die Rose noch am idealen Platz, aber heute – der Flieder ist zum Riesen geworden, die Birke überragt bereits das Wohnhaus und dazwischen steht die Rose, halb in der Sonne, halb im Schatten, aber ganz und gar nicht auf einem Platz, der ihr zusagt.

Rosenrost und Sternrußtau sind typische Krankheiten, die auf einen falschen Standort oder falsche Pflege zurückzuführen sind. Freilich ist dies nicht immer der Fall: Es gibt zahlreiche Sorten, die für diese Krankheiten ganz einfach besonders anfällig sind.

Generell aber kann gesagt werden: Je gesünder eine Pflanze ist, desto geringer die Gefahr, dass sie von Krankheiten (und auch Schädlingen) befallen wird.

Im Handel sind zahlreiche „biologische" Spritzmittel erhältlich. Sie können aber meist nur vorbeugend verwendet werden. Nicht vergessen: die Anwendungsvorschriften des Herstellers genau einhalten. Das berühmte „Schlückchen mehr", damit es „wirklich hilft", schadet Pflanzen und Umwelt.

Echter und falscher Mehltau

Befallene Pflanzen sehen aus, als wären sie mit Mehl überstäubt worden – daher wohl der Name.

Beim Mehltau unterscheidet man zwei verschiedene Arten mit unterschiedlichen Ursachen.

Der **Echte Mehltau** tritt vor allem bei sehr trockenem Wetter, heißen Standorten und starker Stickstoffdüngung auf. Die einfachste Maßnahme: Sobald die ersten Mehltauflecken auftauchen, die Blätter mit der Brause des Gartenschlauches abwaschen. Versuche haben gezeigt, dass das Wasser die Pilzsporen abwäscht und eine Ausbreitung verhindert.

Falscher Mehltau tritt vor allem in sehr feuchten Jahren auf und ist meist an der Blattunterseite zu finden.

Spritzmittel aus dem „Bioregal" wirken meist nur vorbeugend, weil es sich um pflanzenstärkende Mittel handelt: Schachtelhalm- und Knoblauchtee fallen in diese Kategorie.

Mehltau an Phlox

Häufig wird der beliebte Phlox vom Mehltau befallen. Meist ist der Grund dafür ein sonniger, aber auch sehr trockener Standort. Besser ist es, den Phlox nicht an die Südseite des Hauses, sondern an die West- oder Ostseite zu setzen. Dann blüht er zwar um ein, zwei Wochen später, bleibt aber mit Sicherheit vor Mehltau geschützt, da es nicht so heiß wird.

Pflanzen Sie Phlox nicht an sonnige, trockene Standorte, sonst werden die Blätter leicht vom Mehltau befallen.

Foto: iStockphoto.com/aleroy4

Gärten

Begleiter durchs Leben

Foto: fotolia.de/Stefan Körber

Der bequeme Garten **für die ganze Familie**

Foto: fotolia.de/ChristArt

Im Familiengarten dürfen Kinder Blumen pflücken!

Der Garten für die ganze Familie ist kein perfekt angelegter Garten, sondern einer, der sich Tag für Tag verändert. Ganz den Bedürfnissen der jungen Familie angepasst. Einmal mehr Ballspielplatz, dann wieder mehr Partygelände, aber niemals: „Achtung – aufpassen, die Blumen!" Die Familie findet gemeinsam Begeisterung an der Natur: der Teich mit seinen vielen Bewohnern, die Insektenwand, wo Hunderte verschiedene Tiere auf engstem Raum ihre Häuser bauen, und natürlich die Blumenwiese – das Stück Natur, das in diesem Garten das gepflegte Blumenbeet ersetzt. Spiel und Spaß stehen im Vordergrund. Und natürlich der leibliche Genuss. Im Naschgarten wachsen Erdbeeren, Himbeeren, Heidelbeeren – lauter Früchte, die sofort verspeist werden können.

Familienrat einberufen

Planen Sie den Garten wirklich mit der gesamten Familie! Ob Vater, Mutter oder Kinder – jeder darf seine Wünsche äußern. Bedenken Sie aber schon bei den ersten Skizzen, wie sich die Ansprüche verändern: Das ermöglicht eine weit vorausschauende Planung! Beispiel Bachlauf: In einem Garten mit kleinen Kindern wird das fließende Wasser gerne zum Spielen verwendet. Und wachsen wird dort kaum etwas. Erst wenn die Kinder größer sind, lässt sich das Bächlein mit Pflanzen gestalten.

Die wichtigsten Elemente

- Sitzplatz für die ganze Familie
- Grill- und Partyplatz
- Blumenwiese
- Spielwiese
- Hausbaum mit Schaukel
- Obstbäume
- Wildsträucherhecken
- Erlebnisbereiche unter Büschen
- Sandspielgrube
- Bachlauf – zuerst zum Spielen, später zum Gestalten
- Naschbeete mit Himbeeren, Erdbeeren
- Heidelbeeren im Hochbeet
- Flacher Miniteich
- Insektenwand
- Kinderspielhaus

Keine Verbote – ein Garten zum Spielen! Für die Kleinen der Sandspielplatz, für die Größeren der Bachlauf; für die Mutti ein Ruheplatz unter dem Hausbaum und für den Papa ein Grill – Familienidylle pur.

Mit den Bereichen: Sitzplatz, Grillplatz, Spielwiese, Sandspielgrube, Bachlauf, Spielen, Naschbeete, Hausbaum mit Schaukel, Miniteich, Miniblumenwiese, Insektenwand

Die besten Pflanzen

- **Blumen, die im Familiengarten nicht fehlen dürfen**
  Sonnenblumen, Ringelblumen, Kapuzinerkresse

- **Blumenwiese**
  mit vielen Blumen zum Pflücken (Margeriten, Glockenblumen, Wiesenschaumkraut und natürlich Gänseblümchen und fürs Frühjahr viele Blumenzwiebeln)

- **Hausbaum**
  z. B. Kirschbaum, Apfelbaum: Pflanzen Sie gleich ein größeres Solitärgehölz in einer Sorte, die Ihnen ein örtlicher Baumschulist empfiehlt (robust, krankheitsresistent, gut fruchtend).

- **Hecken**
  Vermeiden Sie Schlehe, Sanddorn (gefährliche Dornen) und Goldregen (giftig!). Aber: Kornelkirsche, Haselnuss, Holunder, Flieder, Forsythie, Pfeifenstrauch sind als frei wachsende Hecke gut geeignet.
  Für geschnittene Hecken: Hainbuche. Liguster ist nur bedingt empfehlenswert, da die Früchte ebenfalls giftig sind.

- **Naschgarten**
  Himbeere ('Autumn Bliss'), Johannisbeere (frühe und späte Sorten; z. B.: 'Jonkher van Tets', – sehr früh, 'Rosetta', sehr spät), Erdbeeren ('Monatserdbeeren' und „immer tragende", z. B. 'Ostara' oder die köstliche 'Mieze Nova', abstammend von 'Mieze Schindler'), Heidelbeeren ('Blue Crop'), Brombeeren ('Navaho' – die wüchsigste mit köstlichen Früchten)

- **Obstbäume**
  Aprikose ('Ungarische Beste' – unbedingt als Spalier an Hauswand pflanzen), Kirsche ('Prinzessinkirsche'), Äpfel ('Klarapfel' – sehr früh!, 'Topaz'), Birne ('Gute Luise')

- **Rosen**
  Rosa rugosa – gut duftend, leicht zu pflegen, robust, „überlebt" sogar Fußballspiele!

Foto: fotolia.de/brozova

Bequeme Gärten für die Familie bieten Platz zum Spielen und Plaudern.

Der bequeme Garten für Singles

Foto: fotolia.de/Kurhan

Gärtnern für die Seele – darauf haben Singles Lust.

Heute joggen, morgen golfen – und übermorgen? Den Garten genießen. Alle, die im stressigen Berufsleben stehen, die Jahr für Jahr auf der Karriereleiter hochklettern, werden bald erleben, wie erholsam ein Stück Grün sein kann. Immerhin tut's jeder Dritte – einmal pro Woche, sagt die Statistik: „Garteln". Daher können sich auch die Singles nicht davor drücken.

Es entsteht ein Stück Grün ums Haus, das kaum Aufwand macht. Viele robuste Bäume und Sträucher, eine große Rasenfläche, die einmal pro Woche anstelle des Joggens gemäht wird, und als Einstiegsdroge ein kleines Gemüsegärtchen – für die italienischen Salate à la „Abnehmen leicht gemacht".

Die wichtigsten Elemente

- Große Rasen- oder Blumenwiesenflächen
- Viele Bäume und Sträucher
- Sitzplatz für Sommerpartys
- Grillplatz
- Kleiner Gemüsegarten
- Frei wachsende Hecken

Eigentlich steht das „Garteln" für Singles ganz am Ende der Hitparade. Bei allen? Nein, alle wollen doch nicht ganz darauf verzichten. Aber dann sollte es zumindest so einfach wie nur möglich sein. Viel Grün und wenig Mühe, lautet die Devise. Und viel Platz, wenn das Singleleben doch einmal zu Ende geht ...

Ein typischer Terrassengarten – bequem, einfach, robust und dennoch romantisch – für so manche gemeinsame Stunde: Tomaten, Kräuter ...

Chillen, mit und ohne Gästen

Sommerzeit ist freilich die Zeit zum Feiern, und deshalb fehlt auch in diesem Garten der Grillplatz nicht. Der Pavillon ist so gestaltet, dass er gut 15 Gästen Platz bietet, im Normalbetrieb aber nicht leer wirkt. Eine Hängematte wird dann zwischen die Holzpfähle gespannt – so bleibt auch an heißen Sommertagen der Garten das zweite Wohnzimmer.

Im Singlegarten lässt sich natürlich – je nach individueller Vorliebe – jede Menge Natur integrieren: Blumenwiese, Wildsträucherhecke und in späterer Phase vielleicht sogar ein kleiner Gartenteich. Aber: Der ungelernte Singlegärtner sollte mit seinem Garten unbedingt langsam wachsen. Nur dann macht das Garteln auch wirklich Spaß.

Zuerst planen

Singles sind spontan. Heute dies, morgen das! Der Garten (und damit die Natur) gibt allerdings einen anderen Takt an. Begehen Sie nicht den Fehler, den viele machen: Das Anlegen des Gartens beginnt nicht im Gartencenter mit dem Einkaufswagen, sondern mit der Planung daheim. Überlegen Sie genau, wie viel Zeit Sie wirklich erübrigen können. Und dann wird eingekauft – aber alles. Und sofort!

Foto: fotolia.de/Gina Sanders

Während Familien meist wenig Zeit bleibt, können Singles ausgiebig faulenzen.

Die besten Pflanzen

- **Duftende Kletterpflanzen** zum Begrünen des Pavillons: Rose ('New Dawn'), Geißblatt *(Lonicera heckrottii)*, Blauregen, nur veredelte Sorten *(*z. B.: *Wisteria floribunda* 'Prolific'*)*
- **Gemüsegarten** Kräuter (Schnittlauch, Petersilie, Basilikum – nur im milden Klima, sonst lieber im Topf), Salate (unbedingt Rucola, Eichblattsalat und andere Pflücksalate – gibt es auch als fertige Saatgutmischung – Saatbänder)
- **Frei wachsende Hecke** Flieder, Traubenkirsche, Haselnuss, Eberesche, Pfaffenhütchen, Pfeifenstrauch, Schlehe, Goldregen, Forsythie und andere (siehe Wildsträucherhecke)

Der bequeme Garten für Senioren

Gärten für Senioren müssen nicht langweilig sein, ganz im Gegenteil: Hier kommt es wirklich auf die Grundlagen der Gestaltung an. Gemüsegärten werden beispielsweise von vielen älteren Menschen gemieden – das Bücken macht nun mal Probleme. Hochbeete sind da die praktische Alternative. Wer einmal diese etwa einen Meter hohen Beetumrandungen im Garten ausprobiert hat, wird nicht mehr auf sie verzichten wollen. Im Vorbeigehen wird „gegartelt" – ohne Kreuzschmerzen! Oder die Blütensträucher anstelle des Blumenbeetes: Früher waren Stauden und Sommerblumen der ganze Stolz – täglich gehegt und gepflegt. Nun stehen dort einige alte Strauchrosen (mit traumhaftem Duft), Zwergflieder, klein bleibender Sommerflieder, Forsythien, die nicht zu groß werden, und einige „Winterblüher": Zaubernuss und Duftschneeball zum Beispiel.

Beliebt ist im Hochsommer der Sitzplatz unter dem inzwischen groß gewordenen Hausbaum und am Gartenteich – immer wieder mit einer neuen Überraschung und fast ohne Arbeit.

Im Schatten unter Bäumen

So wie wir Menschen kommen auch Gärten ins Alter. Auch ein „alter" Garten kann durchaus seine Reize haben. Meist sind Bäume und Sträucher schon so groß geworden, dass darunter viele Schattenflächen entstehen. Diese sind weniger Problem als Herausforderung: Farne, Funkien und im Frühjahr viele Zwiebelblumen machen solche Gärten zu einer wahren Oase der Natur und in Folge keine Arbeit mehr!

Foto: fotolia.de/micromonkey

Ein Garten hält fit und macht fröhlich. Viele entdecken erst in späteren Jahren das Garteln.

Die wichtigsten Elemente

- Blumenwiese im Frühjahr mit vielen Blumenzwiebeln (Krokusse, Schneeglöckchen, Blausternchen u.a.)
- Gartenteich, eventuell mit kleinem Bachlauf
- Gemüsegarten mit Hochbeeten
- Sitzplätze (auf der Terrasse und unter dem Hausbaum)
- Klein bleibende Blütensträcherhecke vor dem Haus
- Strauchrosenpfad
- Schattenbeete unter älteren Gehölzen und Bäumen

Hochbeete – und die Pflanzen kommen zum Gärtner! Wenn Menschen ins Alter kommen, dann müssen die Gärten mitziehen. Oft erfolgt der Übergang fließend und kaum erkennbar: Da wird ein Beet aufgelassen, dort wird der Rasen zur Blumenwiese – und aus der geschnittenen Hecke wird eine frei wachsende …

Hochbeete, Dauerblüher, Blumenwiese statt Rasen, großer Teich, Bachlauf

Die besten Pflanzen

- Kleine Blütensträucher
  Goldglöckchen (*Forsythia* × *intermedia* 'Marée d'Or' – nur 50 cm hoch werdender Strauch mit üppiger Blüte); **Sternmagnolie** (*Magnolia stellata* – langsam wachsend, Blüte im zeitigen Frühjahr); **Sommerflieder** (*Buddleja* 'Dart's Ornamental White' – kompakt, dichter Wuchs, weiß); **Zaubernuss** (*Hamamelis* × *intermedia* 'Diane' – rote Blüten im Winter!); **Winterduftschneeball** (*Viburnum bodnantense* – rosa blühend, von November bis April)

Foto: fotolia.de/Peggy Boegner

- Große Korkenzieher-Haselnuss
  (*Corylus avellana* 'Contorta' – wunderschöner Solitärstrauch, anspruchslos und pflegefrei)

- Hausbaum:
  falls genug Platz, unbedingt einen Walnussbaum. Hält Mücken ab und wächst sehr schnell.

- Rosengarten
  Alte Strauchrosen: ('Suaveolens' – weiß, 'Frühlingsgold' – goldgelb, 'Constance Spry' – hellrosa, alle einmal blühend);
  Moderne Strauchrosen ('Westerland' – gelborange – der Favorit, 'Schneewittchen' – weiß, 'Mme. Pierre Oger' – silbrig-rosa);
  Kartoffelrose *(Rosa rugosa)* – duftende Blüten, dekorative Früchte (Hagebutten)

- Für den Schatten
  Funkien *(Hosta sp.)*, Farne, viele Blumenzwiebeln, Leberblümchen, Veilchen

Gärten für Senioren müssen besonders leicht zu pflegen sein. Gegossen wird nur an heißen Sommertagen, denn die Pflanzen sind anspruchslos.

Der bequeme Garten
für Naturliebhaber

Gärten von Naturliebhabern können eigentlich nicht auf dem Papier entstehen. Sie können auch nicht wirklich geplant werden – denn für diese Menschen gilt: Die Natur ist der Bauherr. Und so wird nur das Grundgerüst festgelegt. Ein Teich, ein Bachlauf, eine Blumenwiese, eine bunte Hecke und große Blumenbeete.

Dazu natürlich ein Gemüse-, Beeren- und Obstgarten, denn das Genießen erfolgt auch über den Magen – und was schmeckt schon köstlicher als süße Himbeeren, frisch gepflückt?

In den ersten Jahren wird der Garten möglicherweise noch etwas leer aussehen, aber schon nach der dritten oder vierten Gartensaison beginnt die Wanderschaft der Pflanzen – und die wird hier nicht unterbunden. Am Rand des Weges wächst eine Königskerze, das Wiesenschaumkraut breitet sich im Rasen aus und unter der Wildsträucherhecke nisten sich Veilchen und Leberblümchen ein.

Bald wird der Besitzer eines solchen Gartens bemerken, dass sich sehr unterschiedliche Klimazonen im Garten ergeben – ganz von selbst. Einmal ist

Foto: www.verlagsbuero-garten.at

Grundprinzip der Naturliebhaber ist es, mit der Natur und nicht gegen sie vorzugehen.

Die wichtigsten Elemente

- Gartenteich – eine Oase der Natur, die langsam zum Paradies wird
- Bachlauf – sieht erst nach zwei, drei Jahren perfekt eingewachsen aus
- Wildsträucherhecke
- Blumenrasen, Blumenwiese – beim Anlegen auf Humusabbau achten
- Gemüse-, Beeren- und Obstgarten
- Plattenwege mit begrünten Fugen
- Trampelpfade zum Entdecken
- Hausbaum
- Kletterpflanzen am Haus

Ein Paradies entsteht vor der Haustür. Gleich vorweg – der Garten für diese Menschen ist immer zu klein. Kein Baum, kein Strauch, keine Blume dürfen in der Sammlung fehlen. Und so wird aus dem Garten allmählich ein kleiner Urwald – mit Lebensräumen für viele Tiere und einer ungeheuren Vielfalt an Pflanzen.

Viel Natur, kaum Wege, viele Verstecke für Tiere, Teich, Wildsträucherhecke, Bäume ...

Foto: www.verlagsbuero-garten.at

Im Naturgarten werden robuste Pflanzen am richtigen Standort gepflanzt. Rosmarin liebt karge, durchlässige Böden.

der Boden trockener, anderswo bleibt bei Regen das Wasser stehen. Dort ist immer Schatten und vor der Terrasse Sonne, wie im Süden. Keine Angst – für jedes Stück Land gibt es die passenden Pflanzen. Und so wird das „Garteln“ zur Herausforderung. Trotzdem bleibt es bequem.

Die Natur als Vorbild

Ein naturnaher Garten sollte sich stark der lokalen Vegetation anpassen. Beginnen Sie daher die Gestaltung des Gartens mit einem intensiven Erkunden der Umgebung. Nicht nur die Naturlandschaft und ihre typischen Gewächse sollten beachtet werden, sondern auch die Nachbargärten. Viele Unkräuter sind Zeigerpflanzen, die helfen, die passenden Pflanzen zu finden.

Die besten Pflanzen

- **Bachlauf**
  Streuen Sie Brunnenkressesamen ins Bachbett, das schafft eine erste natürliche Vegetation.
- **Beerensträucher**
  Judasbaum *(Cercis siliquastrum)*, Lebkuchenbaum *(Cercidiphyllum japonicum)*, Weiden – beim Teich, Korkenzieherhasel, Kletterrosen in die Hecke hinein ('Bobbie James', 'Kiftsgate')
- **Blumenrasen**
- **Blumenwiese**
- **Blumenzwiebeln**
  Narzissen, Krokus, Schneeglöckchen, Blausternchen als Unterpflanzung unter der Hecke
- **Felsennelke**
  (Petrorhargia saxifraga) – die schönste Fugenpflanze für Wege
- **Obstgehölze**
  Apfel, Kirsche, Marille (Aprikose), vor Regen geschützt als Spalier an der Hauswand
- **Teich- und Sumpfpflanzen**
- **Wildsträucherhecke**
  Wilder Flieder, Sanddorn, Schlehe, Traubenkirsche, Eberesche, Haselnuss

Garteln im Takt der Natur

Foto: fotolia.de/Irina Fischer

Der Phänologische Gartenkalender

Jeder von uns hat es schon beobachtet. Es gibt Jahre, da sitzt man schon im März im T-Shirt auf der Terrasse, und dann gibt es wieder Zeiten, wo man im Juni noch einheizen muss. Wir Gartenliebhaber müssen uns diesem Takt der Natur anpassen. Die besten Arbeitskalender bringen nichts, wenn Temperatur, Feuchtigkeit oder Sonnenschein nicht passen. Hier zählt einerseits die Erfahrung, andererseits setzt die Natur aber auch ganz bestimmte Zeichen, die es zu erkennen gilt.

Garteln im Takt der Natur ist oft ganz logisch, immer wieder hilfreich und bringt überraschende Erfolgsergebnisse. Sind die Bohnen zum richtigen Zeitpunkt gepflanzt worden, dann keimen sie problemlos, ist man zu früh dran, dann wird nichts aus der erhofften Ernte.

Beim Garteln im Takt der Natur benötigen wir keinen Kalender mehr, wir müssen nur noch beobachten, und schon gibt es keine vier, sondern zehn Jahreszeiten. Allein das ist spannend.

Auf den Zeitpunkt kommt es an

Gartelt man zur richtigen Zeit, wird vieles einfacher – getreu dem Motto dieses Buches: „... für intelligente Faule“. Und genau dabei sind wir dem biologischen Gärtnern noch einen Schritt näher, denn wer im Takt der Natur gartelt, der gartelt mit und nicht gegen die Natur.

Foto: fotolia.de/alfred koch

Blüht die Birne, ist Erstfrühling; sind die Wiesen voll mit Löwenzahn, steht der Vollfrühling vor der Tür.

Das sind die zehn Jahreszeiten für „intelligente, faule Gärtner“

Frühling

Vorfrühling – Schneeglöckchen, Hasel, Salweide, Kornelkirsche blühen

Foto: fotolia.de/LianeM

Erstfrühling – die Forsythie, der Birnbaum und die Stachelbeere beginnen zu blühen

Foto: iStockphoto.com/Viktor_Kitaykin

Vollfrühling – die Apfelbäume, der Flieder und die Eberesche blühen

Sommer

Frühsommer – der Holunder, die Robinie und Hundsrose blühen

Hochsommer – die Sommerlinde blüht

Spätsommer – der Klarapfel ist reif, das Heidekraut blüht

Foto: fotolia.de/TeddyK

Herbst

Frühherbst – Holunder und Rosskastanie sind reif, Herbstzeitlosen blühen

Foto: fotolia.de/Fotofred

Vollherbst – die Eicheln werden reif, die Lärche färbt sich

Spätherbst – Laubfall der Rosskastanie und Eberesche, Nadelfall bei Lärche

Winter

Winter – die Apfelbäume sind laublos

Vorfrühling
Zeit des Neubeginns

Foto: fotolia.de/Elena Bakhareva

Alles im Garten wirkt braun und abgestorben. An vielen Stellen des Gartens liegen noch Schneereste. Und doch bemerkt man als aufmerksamer Gartenliebhaber eine Veränderung. Knospen schwellen, die ersten Sonnenstrahlen wärmen bereits und „es duftet nach Frühling“. Jeder kennt diese Momente – man kommt aus dem Haus und alles ist anders. Bei Temperaturen jenseits der 10 °C beginnt sich wieder reges Treiben im Garten einzustellen.

Jetzt ist die Zeit, um erste Vorbereitungen zu treffen, damit das neue Gartenjahr ein Erfolg wird. Freilich: Nichts übereilen, denn noch kann es zu gefährlichen Wetterrückschlägen mit kräftigem Frost kommen. Mit vorsichtigem Aufräumen und Abschneiden kann aber schon begonnen werden.

Jedes Jahr ist anders, je nach Witterung. Garteln im Takt der Natur bedeutet, sich an den Zeigerpflanzen der phänologischen Jahreszeiten zu orientieren. Schneeglöckchen läuten das Gartenjahr ein.

Gartenerwachen – Schneeglöckchen blühen auf

Für viele zählt das Schneeglöckchen *(Galanthus nivalis)* zu den Frühlingsboten schlechthin. Im Kalender der Natur steht es am Beginn und eröffnet die Gartensaison. Im Vorfrühling beginnt auch die Blüte der Salweide *(Salix caprea)* – die erste Nahrung für die Bienen. Und wenn die „Würstel" der Haselnüsse *(Corylus avellana)* zu stäuben beginnen und die Kornelkirsche *(Cornus mas)* blüht, dann ist das neue Gartenjahr offiziell eröffnet. Dabei hat im Verborgenen oft das Blühen schon viel früher begonnen: Christ- oder Schneerosen *(Helleborus niger)* öffnen schon an milden Wintertagen ihre Blüten, und auch der gelb blühende Winterjasmin *(Jasminum nudiflorum)* schmückt sonnige Wintertage mit einem ersten Blütenreigen.

Im Vorfrühling passiert dies alles nicht nur optisch, sondern auch mit einem wohltuenden Klang. Der Gesang der Vögel beginnt. Emsig wird von unseren gefiederten Freunden nun auch mit dem Nestbau begonnen – die richtige Zeit, um neue Nistkästen aufzuhängen und eventuell bestehende Kästen zu reinigen, so das noch nicht geschehen ist. Und wer einen Teich im Garten hat, der kann auch schon an sonnigen milden Tagen die ersten Kröten beobachten.

Mein erklärter Vorfrühlingsbote ist der Winterling *(Eranthis hyemalis)*: einmal im Garten – überall im Garten. Er sät sich bereitwillig aus und bildet dichte gelbe Blütenteppiche. Dann ist der Start ins Gartenjahr vollzogen.

Foto: fotolia.de/OutdoorPhoto

Zu den ersten Blühern zählt die Salweide, die Palmkätzchen sind traditionell auch ein beliebter Schmuck im Haus.

Foto: fotolia.de/Bifi

In den meisten Gärten breitet sich der Winterling großflächig aus.

Bequemer Vorfrühling

Die wichtigste Maßnahme in diesen ersten Frühlingstagen ist die Schneckenbekämpfung. Wer jetzt vorsorgt, hat das ganze Jahr über viel weniger Probleme. Die seit einigen Jahren im Handel erhältlichen umweltfreundlichen Schneckenmittel auf Eisen-III-Phosphat-Basis werden nun breitwürfig im Garten gestreut – auch beim Komposthaufen und in der Blumenwiese, denn dort verstecken sich die kleinen Schnecken, die in den ersten milden Tagen aus dem Winterquartier kriechen und nach Nahrung suchen. In meinem 2 500 m² großen Garten streue ich um diese Zeit etwa 3 kg dieses Schneckenkorns. Später muss ich dann nur noch punktuell nachstreuen. Das neue Schneckenkorn ist für Kinder und Haustiere sowie alle anderen Tiere (Regenwürmer, Igel, Kröten, Ringelnattern usw.) unproblematisch.

Foto: fotolia.de/E. Schittenhelm

Typisch für den Vorfrühling sind die „Blütenwürstchen“ der Haselnuss, zum Leidwesen mancher Allergiker.

Im Ziergarten

- Rosen werden zwar noch nicht endgültig geschnitten (das erfolgt erst, wenn die Forsythie blüht, denn dann gibt es kaum noch starke Nachtfröste), aber das Reisig kann schon entfernt werden, auch die angehäufelte Erde kann man nun verteilen.
- Eine erste stärkende Spritzung mit Schachtelhalmextrakt (gibt es fertig im Handel) beugt schon jetzt Pilzkrankheiten vor.
- Wer Rosen pflanzen will – im Vorfrühling kann man sogenannte „wurzelnackte“ Pflanzen besonders preiswert kaufen, meist jedoch nur noch im Versandhandel. In den Gärtnereien und Gartencentern werden sie fast ausschließlich im Topf angeboten.
- Viele im Frühjahr blühende Blumenzwiebeln wie Narzissen und Zierlauch treiben nun schon aus. Sind die Blätter etwa 10 cm groß, dann muss bereits fürs kommende Jahr gedüngt werden, nur dann gibt es genug Energie, damit die Zwiebeln nach der Blüte auch wieder Knospen für das nächste Jahr bilden. Gerade bei den Narzissen wird das oft übersehen, und über die Jahre hinweg bilden sich nur noch Blätter anstelle von Blüten.
- Blühfaule und zu stark wuchernde Stauden jetzt teilen, verkleinern und umpflanzen. Lücken im Staudenbeet füllen.
- Gehölze, die im Frühsommer blühen, können nun ausgelichtet werden. Auch die Kletterhortensien schneiden.

Im Gemüse- und Obstgarten

- Gemüsebeete erst dann vorbereiten, wenn die Erde wirklich abgetrocknet ist. Hier kann man sich nur an eine der besten Bauernregeln halten: „Erst wenn keine Erde mehr an den Stiefeln kleben bleibt, darf man die Beete bearbeiten.“ Die Gefahr der Bodenverdichtung wäre sonst zu groß.
- Obstbäume können nach wie vor geschnitten werden. Die besonders stark wachsenden Sorten möglichst spät schneiden, das bremst das Wachstum. Auch die Weinreben jetzt einkürzen.
- Obstbäume können nun mit einer Austriebsspritzung vor allzu starkem Schädlingsbefall im Sommer bewahrt werden. Die ölhaltigen Substanzen werden an milden trockenen Tagen tropfnass über alle Äste gesprüht und vernichten – ohne giftige Substanzen – viele der lästigsten Schädlinge und Eier, die sich in Rindenritzen oder an Knospen verstecken.

Foto: fotolia.de/LianeM

Jetzt werden die zu stark wachsenden Obstbäume geschnitten.

Im Zimmer, auf Balkon und Terrasse

- Kübelpflanzen pflegen! Das Wichtigste in diesen Tagen ist die Schädlingsbekämpfung. Im Überwinterungsquartier machen sich nun Blatt-, Schild- und Wollläuse breit. Mit ölhaltigen Präparaten bekämpfen.
- Vorsicht beim Oleanderschneiden – viele Pflanzen blühen dann nicht mehr. Lieber nur die Hälfte der Äste bodeneben herausschneiden. Dort verjüngt sich die Pflanze, die alten Triebe blühen noch. Im kommenden Jahr den Rest abschneiden.
- Im Gewächshaus oder auf der Fensterbank werden nun Chili, Paprika und Tomaten gesät. Auch die Duftwicken sollten möglichst früh in die Erde, damit sie kräftig wachsen.
- Beginnen Sie jetzt, die Sommerblumen auszusäen. Dann haben Sie nach den Eisheiligen kräftige Jungpflanzen.

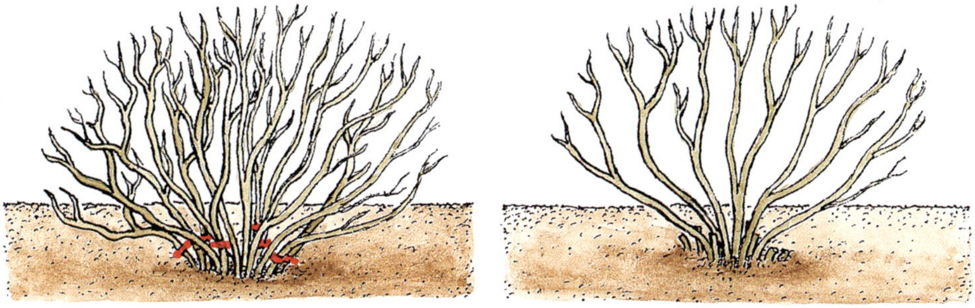

Gehölzschnitt – unbedingt an frostfreien Tagen schneiden.
Aus den anfallenden Zweigen lässt sich ein Totholzhaufen anlegen.

Erstfrühling
Die Natur legt los

„Wenn die Forsythie blüht …" Für viele ist dieses Aufblühen die erste Bekanntschaft mit dem Phänologischen Kalender – da weiß man, dass die Rosen geschnitten werden müssen. Der Erstfrühling ist die Zeit der großen und kleinen Zwiebelblumen, der blühenden Kirschbäume und des ersten saftigen Grüns. Meist noch zart als erste Knospen, gegen Ende aber dann schon flächendeckend mit dem „wiedererwachten" Rasen und dem nun kräftigen Vogelgesang. Die Tage werden länger und es wird zunehmend milder – dennoch, Schlechtwettereinbrüche sind in dieser Zeit oft gewaltig.

Foto: iStockphoto.com/schnuddel

Wenn die Forsythie blüht, hat der Erstfrühling begonnen, und es heißt: Rosen schneiden!

Ein erstes Feuerwerk an Blüten

Es ist wohl der Duft, der diese phänologische Jahreszeit begleitet. Wer im Takt der Natur gartelt, der ist nun viel draußen unterwegs – ob im Garten oder in der Natur, überall breiten sich jetzt die zarten Gerüche aus, vom Bärlauch im Wald, den Duftveilchen oder den Schlüsselblumen. Das Potpourri aus diesen und noch viel mehr Düften macht den Erstfrühling zu einer ganz besonderen Zeit. Für mich ist die Blüte der Duftheckenkirsche *(Lonicera × purpusii)* ein typischer Zeiger in diesen Tagen; auch wenn der Strauch sehr oft schon einzelne Blüten im Winter öffnet, die Hauptblüte findet jetzt statt.

Die Forsythie gehört wohl zu den beliebtesten Frühlingsboten und hat demnach auch liebevollerweise gleich mehrere Namen erhalten: Osterstrauch, Goldglöckchen oder manchmal sogar Goldregen (obwohl das eine ganz andere Pflanze ist).

In den Gärten dominiert die Farbe Gelb: Die ersten Narzissen – vor allem die großkronigen – sind in voller Blüte. 'Golden Harvest' ist eine der robustesten. Oder die etwas später im Freiland blühende 'Tête à Tête' – die Mininarzisse, die wohl zu den meistverkauften Topffrühlingspflanzen gehört. Nicht zu vergessen natürlich die Traubenhyazinthen, Blausternchen und den Schneeglanz.

An den Bäumen erkennt man den Erstfrühling an der Bildung der Blütenknospen der Rosskastanie (wenn sich

Foto: IZB

die Blüten öffnen, sind wir schon im Vollfrühling!) oder dem Blühbeginn der Zierjohannisbeere. Und wenn dann die Wiesen voll sind mit Löwenzahn, dann endet der Erstfrühling und der Vollfrühling steht vor der Tür.

Im Erstfrühling – ein wenig mehr zu tun als sonst!

Auch der „intelligente faule Gärtner" wird es in dieser phänologischen Jahreszeit bemerken: Nun ist etwas mehr zu tun, denn der Garten ist voll erwacht, und an allen Ecken und Enden beginnt das kräftige Wachstum. Das aber nützen wir aus, damit wir es später wieder bequemer haben.

Wer die Schnecken noch nicht bekämpft hat – jetzt ist es höchste Zeit. An einem Tag vor einem kräftigen Frühlingsregen ist der ideale Zeitpunkt für das Ausstreuen des umweltfreundlichen Schneckenkorns. Noch sind die Schnecken klein und auf der Suche nach Nahrung. Daher nehmen sie das Korn, vor allem wenn es feucht geworden ist, schnell auf und gehen in den Erdritzen zugrunde. Also keine Schleimspuren und Schneckenkadaver. Und vor allem kein Schaden für andere Tiere.

Tazettanarzissen verströmen meist einen zarten Frühlingsduft.

Im Ziergarten

- Ein Schädling, der vor allem in den letzten Jahren viele Probleme bereitet hat, ist der Dickmaulrüssler. Der Käfer lebt zunächst als Larve (kleiner weißer Engerling) im Boden und frisst dort die Wurzeln an. Oft so stark, dass uralte Rhododendren, Kamelien, Kirschlorbeer oder auch Efeu und Pfingstrosen eingehen. Jetzt sollte man mit Nematoden den lästigen Schädling bekämpfen – das Pulver wird meist per Post geschickt, darin leben Millionen von Fadenwürmern. Sie sind die natürlichen Feinde der Dickmaulrüssler.

Wenn noch nicht geschehen – jetzt Kompost aufbringen!

Foto: IZB

Strahlendes Gelb allerorts: Narzissen gehören zum Vollfrühling einfach dazu.

- Der Rosenschnitt ist nun die Hauptaufgabe: Alle Beetrosen werden stark geschnitten; bei Kletterrosen und Strauchrosen nur abgefrorene und abgestorbene Äste ausschneiden. Alte, historische Rosen und vor allem auch die Wildrosen, ebenso wie die Rambler-Rosen (stark wachsende Kletterrosen) nicht schneiden. Sie blühen nur auf den vorjährigen Trieben.
- Die Knollen und Zwiebeln von Dahlien, Gladiolen, Lilien oder Montbretien pflanzen. Ihre wunderbaren Blüten schmücken jeden Sommergarten!
- Den Rasen pflegen – ausrechen, biologisch düngen und erst nach dem ersten Mähen vertikutieren. Wer keinen belastbaren Spielrasen benötigt, darf fauler sein – rasch entsteht dann ein blühender Kräuterrasen.
- Frühjahrsputz im Gartenteich – allerdings sanft; besser ist die Pflege im Herbst.
- Kompost auf allen Beeten verteilen und sofort dick mulchen – Holzfaser, Rindenhumus oder bei Sträuchern auch mit heimischer Lärchenrinde.
- Alte Äste von Sanddorn, Haselnuss oder anderen Gehölzen als Stütze zwischen die Pfingstrosen und andere Stauden stecken. Die Pflanzen wachsen dann durch diese Stützen und sind stabil.
- Wenn nicht schon im Vorjahr nach der Blüte geschehen: Lavendel jetzt zurückschneiden.

Im Gemüse- und Obstgarten

- Viele Kräuter können nun schon ins Freie gesetzt werden: Schnittlauch, Petersilie, Rosmarin, aber auch alle Minzen sind äußerst robust. Bei Basilikum gilt Vorsicht – dieses wärmebedürftige Kräutlein muss auf der Fensterbank stehen – aber im Zimmer!
- Beete ausreichend mit Kompost versorgen und mit erstem Rasenschnitt mulchen. Gut vorbereitete Gemüsebeete sind das Geheimnis des Erfolgs!
- Auspflanzen von Pflücksalaten, Rettich und Radieschen, Karotten, Petersilie, Spinat, Steckzwiebeln. Vorziehen von Gurken, Zucchini und Zuckermais.
- Gründüngung: Phacelia und Kapuzinerkresse beispielsweise lockern verdichteten Boden – Phacelia mithilfe ihrer kräftigen Wurzeln und Kapuzinerkresse durch Beschattung und somit Förderung des Bodenlebens.

Im Zimmer, auf Balkon und Terrasse

- Die ersten Kübelpflanzen können nun schon ins Freie: Oleander, Lorbeer und Olive sind frostfester, als man denkt. Dennoch vorsichtig sein: Ist das Winterquartier zu warm gewesen, dann erst abhärten. Auch vor Sonnenbrand schützen – die grünen Blätter sind nun empfindlich, so wie unsere Haut nach dem langen Winter.
- Pelargonien und Fuchsien zurückschneiden und die Zimmerpflanzen umtopfen.

Foto: fotolia.de/Ars Ulrikusch

Kräuter wie Schnittlauch und Petersilie sind weniger kälteempfindlich und können jetzt gepflanzt werden.

Vollfrühling
und mit ihm der Wonnemonat Mai

Foto: fotolia.de/snowturtle

Wenn der Flieder duftet, erreicht der Frühling seinen Höhepunkt.

Wenn sich im Garten die Apfelblüte zeigt, wenn der Flieder *(Syringa vulgaris)* seine Blüten öffnet, wenn Akeleien und Blumenwiesen in ihrem ersten herrlichen Blütenkleid stecken, dann ist für viele Menschen die schönste Jahreszeit – der Vollfrühling. Meist ist der Start in den letzten Apriltagen; um Mitte Mai erreicht dann diese Jahreszeit der Natur ihren Höhepunkt. Einmal mehr „duftet" nun die Natur in den verführerischsten Varianten. Für mich ist nicht zuletzt die Blüte des Maiglöckchens *(Convallaria majalis)* so eine Symbolpflanze für den Vollfrühling.

Ein ganzes Land blüht auf

Wer nun durch die Landschaft spaziert oder auch mit dem Auto auf Landstraßen unterwegs ist, erlebt es hautnah – die Obstbaumblüte ist in diesen Tagen das sichtbare Zeichen für den Vollfrühling. Waren es zunächst im Erstfrühling noch die Kirsch- und wenig später die Birnbäume, so stehen nun die Apfelbäume in voller Blüte. Aber nicht nur diese: In den Städten sind die Alleen mit ihren Kastanienbäumen eine Pracht und in den Hausgärten liefern sich Flieder und Magnolien einen Wettstreit, wer üppiger blüht.

In diesen Maitagen erreicht auch die Blüte der Blumenwiesen ihren ersten Höhepunkt. Wer im Garten Teile der Blumenwiese mit späten Dichternarzissen und Zierlauch bepflanzt hat, kann eines der schönsten Riesenblumenbeete bewundern, das es gibt. In Grünlandgegenden beginnt nun auch schon die erste Heumahd. Der Duft ist einprägsam und auch ein typischer Begleiter dieser phänologischen Jahreszeit.

Hochzeit für alle Tiere

Im Garten ist nun Hochbetrieb – nicht nur was Gärtnerin und Gärtner betrifft, auch die vielen Tiere sind im Hochzeits- und Hausbaufieber. Viele nützliche Insekten suchen in Holzritzen Plätze für ihre Larven (jetzt wäre die ideale Zeit für ein neues Insektenhotel), und auch Igel, Ringelnattern und Blindschleichen begeben sich auf Futter- und Quartiersuche. Gartenteiche für Ringelnattern und Totholzhaufen für Igel und Blindschleichen werden Objekte der Begierden. All diese nützlichen Tiere danken uns mit dem Beseitigen von Schnecken und anderen lästigen Schädlingen. Es beginnt die Zeit des kräftigen Wachstums – daher heißt es düngen! Vor allem jene Pflanzen, die noch keinen Kompost bekommen haben. Vor allem aber alle Topf- und Kübelpflanzen.

Foto: fotolia.de/Malena und Philipp K

Blühende Apfelbäume im Garten oder auf Streuobstwiesen zeigen den Vollfrühling von seiner schönsten Seite.

Foto: fotolia.de/Tanja Bagusat

Die kleinen zarten Maiglöckchen verströmen einen süßen Geruch.

Der schönste Frühling im Garten

Noch wuchert nichts, die vielen Blüten werden vom zarten Grün umrankt. Was jetzt gepflanzt wird, wächst rasch und kräftig. Immerhin gilt der alte Spruch noch immer: *„Im April kommt's, wann's will; im Mai kommt's glei(ch).“* Jetzt heißt es: Pflanzen und Vorbereiten des Gartensommers.

Im Ziergarten

- Die Zeit der frühjahrsblühenden Gehölze ist zu Ende: Nun kann, falls notwendig, die Forsythie geschnitten werden. Am besten immer die älteren Äste bodeneben herausschneiden, so verjüngt sie sich und bleibt kräftig im Wachstum und damit voller Blüten im kommenden Jahr.
- Mandelbäumchen müssen radikal (auf 10 cm) zurückgeschnitten werden. Sie blühen nur auf den neu gebildeten Trieben.
- Weidenkätzchen (vor allem das Hängeweidenkätzchen) werden ebenfalls kräftig zurückgeschnitten. Auch hier gibt es nur auf den neuen Trieben die schönen Kätzchen.
- Abgeblühte Rhododendrenblüten ausbrechen – bei großen älteren Exemplaren kann man das aber vernachlässigen. Ausreichend düngen, am besten zweimal – im Erst- und Vollfrühling. Braune Knospen an Rhododendren entfernen – hier hat die Rhododendronzikade Eier abgelegt. Kaffeesatz zu den Moorbeetpflanzen geben!

Umtopfzeit! Bei großen Pflanzen Wurzelballen verkleinern.

- Balkonblumenkästen und die besonders schönen Hanging Baskets jetzt bepflanzen.
- Kübelpflanzen in frische Erde umtopfen, Hochstämmchen dabei behutsam stutzen.
- Tulpen erst dann aus der Erde holen, wenn die Blätter ganz eingezogen sind – an Stellen, wo es im Sommer trocken ist (unter Bäumen, an der Hauswand), kann die Tulpenzwiebel auch im Boden bleiben. Sie blüht dann auch im kommenden Jahr; in feuchter Erde gibt's aber keine Blüte.
- Narzissenlaub ebenfalls einziehen lassen und die Samenstände entfernen – gegen Ende des Vollfrühlings kann man die Blätter um ein Drittel einkürzen.

Im Obst- und Gemüsegarten

- Den Boden zwischen den Saatreihen immer wieder mulchen, das hält ihn locker. Je größer die Pflanzen, desto mehr kann gemulcht werden.
- Als Alternative zum Mulchen eignen sich für Zwischensaaten Kresse, Spinat, Radieschen und Rettich sowie einjährige Kräuter.
- Die „Unkrautzeit" hat begonnen. Aus den meisten Unkrautpflanzen lässt sich guter Kompost herstellen. Achtung! Keine Unkräuter, die schon Samen angesetzt haben, auf den Kompost.
- Im Glashaus wollen Gurken und Melonen hohe Luftfeuchtigkeit, Paprika, Tomaten und Auberginen eher trockenere Luft. Auf jeden Fall sollte sie durch einen kleinen Ventilator immer bewegt sein.
- Auspflanzen von Kohl, Kohlrabi, Porree, Salaten und Sellerie. Gurken, Tomaten und Paprika werden nach den Eisheiligen gepflanzt. Decken Sie die empfindlichen Pflänzchen mit Vlies ab. Sellerie bekommt keine Knollen, wenn er der Kälte ausgesetzt war.
- Pflanzzeit ist nun auch für alle einjährigen Kräuter.
- Johannisbeer- und Stachelbeersträucher blühen und benötigen ausreichend Feuchtigkeit. Vorsichtig gießen und gut mulchen – mit Rasenschnitt oder Rindenhumus.
- Spindel- und Spalierobstbäume sollten mit Vlies vor den letzten Frösten geschützt werden. Auch blühende Erdbeeren sind gefährdet. Alternative bei leichtem Frost: Am Abend mit Wasser besprühen schützt vor Minusgraden.
- Am Spalier Jungtriebe entspitzen. Pfirsichtriebe können notfalls noch reguliert werden.

Pflanzenschutz

- Zwiebelfliege, Möhrenfliege, Lauchmotte, Kohlfliege etc. können gut mit Schutzfolien von den Pflanzen ferngehalten werden (keine gelochten oder geschlitzten Wachstumsfolien). Helles Vlies, das Wasser und Sonnenlicht gut zu den Pflanzen transportiert, etwa zwei bis drei Wochen auf den Kulturen belassen – so kann die Eiablage der Schädlinge verhindert werden.
- Die Kirschfruchtfliege legt ihre Eier in die reifenden Kirschen. Hängen Sie rechtzeitig Gelbtafeln in die Bäume!
- Dürre Äste bei Marillen (Aprikosen) und Weichseln abschneiden und bei Moniliabefall verbrennen.
- Ohrwurmhäuschen gegen Blattläuse in Obstbäumen aufhängen.

Frühsommer
Holunder und Rosen blühen

Duft begleitet uns durchs ganze Gartenjahr – aber nun ist die Zeit gekommen, die selbst die Nichtgärtner zum Schwärmen bringt: die Rosenblüte. Zwar ist die „offizielle“ Zeigerpflanze des Frühsommers der Holunder *(Sambucus nigra)*, doch wirklich dominieren nun im Garten und in den Parks die Rosen. Aber dennoch sollte auch der Holler im Garten nicht fehlen. „Man müsste den Hut bei diesem Gehölz ziehen“, heißt es in alten Büchern immer. Nicht nur wegen den wohlgesinnten Hausgeistern, die angeblich dort leben, sondern vor allem wegen des großen Nutzens – vom Tee aus den Blüten für uns Menschen bis hin zur Jauche aus den Blättern gegen die Wühlmäuse und natürlich den vitaminreichen Beeren im Herbst.

Foto: fotolia.de/momanuma

Frühsommer wird es dann, wenn der Hollerbusch (Holunder) erblüht. Ein wunderbarer Strauch – alles lässt sich verwerten, die Blüten, das Holz und später die schwarzen Beeren.

Foto: iStockphoto.com/Tree4Two

Als eine weitere offizielle Zeigerpflanze gilt die Hundsrose, doch im Frühsommer beginnen im Garten allmählich alle Rosen zu blühen.

Das Leben im Garten

Lange Tage, kurze Nächte – jetzt beginnt die Zeit, in der unsere Gärten zum grünen Wohnzimmer werden. Passt das Wetter, startet der Gartentag bereits mit einem gemütlichen Frühstück auf der Ostterrasse des Hauses und endet erst in den späten Abendstunden beim Sonnenuntergang an seiner Westseite. Auch die Nützlinge verbringen viel Zeit in unseren Hausgärten: Marienkäferlarven sind auf Beutezug, die Laufkäfer machen sich über die Schnecken her und unsere Singvögel vertilgen Unmengen an Käfern und Raupen.

Roter Mohn und falscher Jasmin

Dort, wo es sie noch in unverfälschter Form gibt, da sind sie nun in voller Blüte, und Brachflächen schmücken sich mit dem roten Klatschmohn *(Papaver rhoeas)*.

Ein Gehölz, das in den Gärten besonders in Erscheinung tritt, ist der Jasmin – eigentlich der „Falsche Jasmin“, auch Pfeifenstrauch *(Philadelphus sp.)* genannt. Der Duft betört und die Blütenkaskaden sind Blickpunkte im Garten. Eine Sorte ist für mich immer mit kulinarischen Gefühlen begleitet: ‘Silberregen’ – oder treffender „Walderdbeerjasmin“. Sein Duft hüllt die Umgebung in schier unglaubliche Wolken aus Erdbeerduft. Und ein paar Meter weiter reifen dann auch schon die ersten Früchte dieses Gartenjahrs. Mit dem Frühsommer beginnt die Erdbeerernte – nicht nur der kleinen köstlichen Wald- oder Monatserdbeeren, sondern auch der saftigen Ananas-Erdbeeren.

Der Klatschmohn kann ganze Landstriche schmücken, im Garten siedelt er sich am passenden Standort meist selbst an.

Der Frühsommer sorgt für kräftiges Wachstum

Aufbinden und Abschneiden, das sind nun allmählich die Hauptaufgaben der Gärtnerinnen und Gärtner. Richtiger Rückschnitt sorgt nämlich in vielen Fällen für häufigeren Blütenflor – zum Beispiel bei den Rosen. Dies funktioniert allerdings nur bei den mehrmals blühenden Arten. Wildrosen werden nicht geschnitten. Ihr großer, zweiter Auftritt kommt im Herbst.

Im Ziergarten

- Rosen: Verblühtes nur mit etwa „zwei Augen" abschneiden, damit der Rosenstrauch nicht zu viele Blätter verliert. Faustregel: Über dem ersten voll ausgebildeten Blatt – das ist eines mit fünf Teilblättern – sollte geschnitten werden. Niemals Wildrosen und die (meisten) alten und historischen Rosen schneiden – sie blühen nur einmal, schmücken sich aber dann mit Hagebutten.
- Rosen gleich nach der Blüte kräftig düngen. Organische Dünger wirken zwar langsam, sorgen aber für ein ausgeglichenes Wachstum. Rosenkrankheiten wie Mehltau und Rosenrost treten dann seltener auf. Vorbeugend Schachtelhalmtee spritzen.
- Frisch gepflanzte Rosen lieben es, jeden Abend richtig mit Wasser eingeschlämmt zu werden. Nicht auf die Blätter gießen! Eingewachsene Rosen müssen kaum mehr gegossen werden.
- Zur Sommersonnenwende werden die Laubhecken geschnitten. Sie haben die erste Wachstumsphase beinahe abgeschlossen. Achtung: Warten Sie, falls die Hecke „bewohnt" ist, mit dem Schneiden, bis alle Vögel flügge sind.
- Der Rasen wird nun wöchentlich gemäht und ausreichend gegossen.
- Rittersporn ist eine remontierende Staude, das heißt, er blüht nach der Hauptblüte ein zweites Mal, allerdings nur, wenn die alten Triebe bis zum Boden entfernt werden.

- Sommerblumen benötigen viel Wasser und Dünger, vor allem in den beliebten Blumenkästen. Abgeblühtes sollte immer entfernt werden, denn so besitzen die Pflanzen mehr Kraft für weitere Blütenbildung. Einjährige kann man den ganzen Sommer nachpflanzen – es ist sogar von Vorteil, gestaffelt zu pflanzen, da so der Blütenflor im Herbst länger anhält.
- Iris werden mit der Zeit oft blühfaul. Hier hilft eine Verjüngungskur durch Teilung. Nach der Blüte werden die Pflanzen ausgegraben, die Rhizome in Teilstücke geschnitten und wieder in den gut vorbereiteten, sandigen Gartenboden gepflanzt.

Im Gemüse- und Obstgarten

- Aussäen: Buschbohnen, Erbsen, Fenchel, Radieschen, Rettich, Rote Rüben, Gurken, Kohlrabi, Kopfsalat, Kürbis, Mangold, Stangenbohnen.
- Kräuteraussaat ist noch möglich: Dill (eignet sich zum Einlegen von Gurken), Kresse, Kerbel und Petersilie.
- Tomaten sollte man regelmäßig ausgeizen und die untersten Blätter entfernen.
- Stark zehrendes Gemüse (z. B. Gurken oder Tomaten) sollte fallweise mit Biodünger und Brennnesseljauche gedüngt werden.
- Der Boden wird geharkt und gleich gut gemulcht, um die Kapillarwirkung zu unterbrechen, den Boden locker zu halten und Unkrautwuchs zu verhindern.
- Erdbeeren nach der Ernte zurückschneiden.
- Himbeeren benötigen gegen Ende der Blüte eine zweite Düngung.
- Fallobst sofort wegräumen, um Pilzerkrankungen zu verhindern.
- Wassertriebe bei Obstbäumen entfernen.
- Mulchen Sie die Baumscheiben mit anfallendem Grasschnitt, die Feuchtigkeit wird so im Boden besser gespeichert. Ab Juni beginnt die Zeit der Eiablage des Apfelwicklers. Wenn Sie eine Pheromonfalle in einen Ihrer Apfelbäume gehängt haben, wird die Eiablage deutlich verringert. Jetzt können Sie die geschlüpften Larven abfangen.
- Ernte von Süßkirschen und Weichseln (Sauerkirschen), Marillen (Aprikosen) sowie diversen Beeren. Pfirsiche erntet man besser in mehreren Schritten, da sie nach und nach reifen. Bei Himbeeren sammeln Sie gezielt die großen Früchte, da die unansehnlichen meist wurmig sind.
- Bei Himbeeren und Brombeeren sollte man die Neutriebe am Gerüst befestigen.
- Tritt die Himbeerruten-Krankheit auf, alle Triebe bodengleich abschneiden. Sehr bewährt hat sich die herbsttragende Himbeersorte 'Autumn Bliss', die krankheitsresistent ist.
- Kiwis: Einkürzen von langen Trieben auf drei bis vier Blätter.

Im Zimmer, auf Balkon und Terrasse

- Ausputzen und Düngen der Balkon- und Kübelpflanzen – am besten mit Biodünger.
- Spätestens jetzt sollten viele Zimmer- und alle Kübelpflanzen auf Sommerfrische ins Freie gestellt werden.

Foto: fotolia.de/racamani

Jetzt wird geerntet: Kirschen, Marillen, Pfirsiche und viele Beeren.

Hochsommer

Zeit zum Erholen

Die Sonnenblume ist der Inbegriff des Hochsommers! In dieser Zeit können intelligente Faule getrost den Garten genießen, es gibt kaum etwas zu tun.

Wenn glühend heiß die Sonne vom Himmel strahlt, wenn in den frühen Nachmittagsstunden das Leben beinahe zum Erliegen kommt, wenn in den südlichen Ländern Siesta gehalten wird – dann ist der Hochsommer ins Land gezogen. Typisch für diese Zeit im Jahr – wer rechtzeitig vorgesorgt hat, der muss nun wenig tun. Gießen, Aufbinden und Ernten – das ist für die Urlauber im Garten nun die Hauptbeschäftigung. Spielt das Wetter mit, dann kann man die herrlichsten Tage im Garten verbringen. Die erfrischende Kühle kommt aus dem Gartenschlauch und die Terrasse wird zur begehrten Sonnenbank.

Wenn die Sommerlinde blüht

Die Zeigerpflanze für diese phänologische Jahreszeit ist die Sommerlinde *(Tilia platyphyllos)*. Dabei gehört für mich eine ganz andere Pflanze zu dieser Zeit des Gartenjahres: die Sonnenblume *(Helianthus sp.)*. Bei Umfragen liegt sie immer an der Spitze der Beliebtheit und gehört damit in jeden Garten – ob als Zufallssämling in der Nähe des Standorts des winterlichen Futterhäuschens oder ganz bewusst gepflanzt als Blickpunkt im Zier- oder Gemüsegarten.

Dabei ist die Sonnenblume nur eine unter vielen, die an Hochsommertagen ihre Blüten öffnen: Der Lavendel verströmt den Duft der Provence. Der Phlox lässt uns von alten Bauerngärten träumen, und Ribiseln (Johannisbeeren), Stachelbeeren und Himbeeren locken mit ihren Früchten. In diesen Tagen beginnt auch die Ernte der Gartenheidelbeere – einer der köstlichsten Früchte, die erst in den letzten Jahren so richtig beliebt geworden ist. Ihr unkompliziertes Wachstum und die reiche Ernte machen sie immer populärer.

Foto: petrabarz

Die Sommerlinde gilt im Phänologischen Kalender unbestritten als die Zeigerpflanze des Hochsommers.

Die Wespe – gefährlich und nützlich

In diesen Tagen beginnt sich aber auch ein Störenfried im Garten breitzumachen: die Wespe. So lästig sie vom Frühstücks- über den Mittags- bis zum Abendtisch „mitnascht“ und mit ihren Stichen gefährliche Allergien auslösen kann, so aktiv sind diese Tierchen bei der Schädlingsjagd. Mücken, Läuse, ja sogar kleine Raupen werden von den eifrigen Jägern in den Bau zur Aufzucht der Jungen gebracht. Wirklich gefährlich ist aber ein Nest einer Erdwespe, wenn man beim Rasenmähen irrtümlich in die Nähe kommt.

In der Hitze des Sommers – ist wenig zu tun

Es geht oft heiß her in diesen Tagen – glühende Hitze auf der einen Seite und gewaltige Gewitter mit Unmengen an Wasser auf der anderen Seite. Der Gärtner sollte hier ausgleichen – Beete nicht zu oft gießen, dafür aber durchdringend. Ideal sind 30 Liter pro Quadratmeter. Und damit der sintflutartige Regen keine größeren Schäden anrichtet, sollte der Boden gemulcht sein. Der Rasenschnitt bremst so das Ausschwemmen von Erde. Und noch etwas Bequemes: Bei großer Hitze den Rasen nicht zu kurz schneiden.

Im Ziergarten

- Verblühte Rosen ausschneiden. Schneiden Sie unter dem ersten voll entwickelten Blattpaar, das ist in den meisten Fällen ein Blatt mit fünf Teilblättern.
- Weiterhin Ausputzen und Düngen der Balkonpflanzen.
- Noch immer können Hecken geschnitten werden.
- Für das kommende Jahr Vergissmeinnicht, Stiefmütterchen und Goldlack aussäen. Saatschalen nicht in die Hitze stellen.

Richtig gießen: Nicht die Blätter, sondern der Boden muss ausgiebig gewässert werden.

Foto: iStockphoto.com/ValentijnTempels

„Ein Garten ohne Phlox ist ein Irrtum“, sagte schon der berühmte Staudengärtner Karl Foerster.

Im Gemüse- und Obstgarten

- Gurken unbedingt ausreichend gießen, da sie sonst einen bitteren Geschmack bekommen.
- Jetzt ist der ideale Zeitpunkt für die Aussaat von Gründüngung wie Perserklee oder Gelbsenf. Ölrettich ist gut bei verdichteten Böden, da er lange Pfahlwurzeln bildet.
- Pflanzen von Kohlrabi, Karfiol (Blumenkohl), Brokkoli und Salaten.
- Aussäen von Endivien, Radicchio, Frühlingszwiebeln, Brokkoli, Buschbohnen, Radieschen, Rettich, Chinakohl. In den heißen Monaten nur in den Abendstunden säen.
- Ernte von Gurken, Karfiol, Kohlrabi, Brokkoli, Kohl und Bohnen, Erbsen, Fenchel, aber auch Salaten, Karotten, Radieschen, Zucchini und Zwiebeln, je nachdem, wann die Aussaat erfolgte.
- Die meisten Kräuter werden im Hochsommer geerntet.

Foto: fotolia.de/maronnika

Rittersporn und Sonnenaugen eventuell nochmals aufbinden, Verblühtes ausschneiden.

- Sommerschnitt bei Obstbäumen bringt Licht ins Kroneninnere.
- Nach der Ernte von Süßkirschen und Weichseln (Sauerkirschen) die Bäume schneiden.
- Ernten von Marillen (Aprikosen) sowie diversen Beeren.
- Bei Himbeeren und Brombeeren sollte man die Neutriebe am Gerüst befestigen.
- Alle Beerensträucher nach der Ernte auslichten.
- Tritt die Himbeerruten-Krankheit auf, alle Triebe bodengleich abschneiden.

Pflanzenschutz

Ohrwürmer, die im Baum angesiedelt werden, tragen zur Verminderung des Befalls bei. Hängen Sie einen Tontopf verkehrt herum an einer Schnur so auf, dass der Rand des Topfes den Stamm berührt. In den Topf stopfen Sie Holzwolle oder Heu, und schon nach kurzer Zeit wird dieses „Ohrwurmhaus" bewohnt sein.

Gründüngung bildet dichtes Blattwerk, das im Winter abfriert.

Spätsommer
Früchte in Hülle und Fülle

Foto: fotolia.de/FK-Lichtbilder

Wenn der Spätsommer kommt, werden die Frühäpfel geerntet. Der reife Klarapfel gilt als Symbol für diese Jahreszeit.

Noch dominieren die heißen Tage, doch in den Morgen- und Abendstunden lässt sich die Veränderung bereits spüren – kürzere Tage und die eine oder andere Nebelschwade künden die Wende an. So ist die Ernte der köstlich erfrischenden Kläräpfel immer auch schon ein klein wenig Abschiednehmen vom Sommer. Doch der Garten bietet Trost in Hülle und Fülle – frisches Gemüse macht jedes Essen zum vegetarischen Festmahl. Und arbeitsmäßig hält sich diese Zeit des Gartenjahrs in Grenzen.

Frühe Äpfel im späten Sommer

Die Zeigerpflanze für diese phänologische Jahreszeit gehörte früher in jeden Garten: der Frühapfel. Meist handelte es sich um den Klarapfel, der rasch verarbeitet werden muss. Kaum fällt der erste vom Baum, geht auch die Ernte und Verwertung schon los. Ob Apfelstrudel, Apfelkompott oder ein köstlicher frisch gepresster Apfelsaft – das erfrischend fruchtige Obst bringt den Gusto auf noch mehr. Und mehr kommt bestimmt, denn der Spätsommer ist die Zeit der Ernte. Typisch für den Spätsommer sind auch die Herbstanemonen *(Anemone hupehensis)*, die jetzt blühen.

Foto: fotolia.de/PHOTON

Ernten ist eine der schönsten Tätigkeiten im Garten – Gurken, Zucchini und Tomaten sind jetzt vollreif.

Die große Ernte kann beginnen

Nun beginnt an allen Ecken und Enden das große Ernten. Die Brombeeren liefern Früchte in Hülle und Fülle, die letzten Heidelbeeren sind noch an den Sträuchern, und wer im Gemüsegarten Tomaten, Gurken und Zucchini angepflanzt hat, der kann nun ernten.

Noch ist wenig im Garten zu tun – Zeit zum Genießen im doppelten Sinn. Rein physisch, indem man sich hinlegt und die Sonne genießt, aber auch kulinarisch, indem man die Früchte des Gartens verspeist.

Igel und Wühlmaus sorgen vor

Die Stimmen der Natur sind schon wieder ein wenig leiser geworden. An besonders heißen Tagen verstummen die Vögel meist ganz. Da und dort hört man noch eine Krähe, aber das überschwängliche Tirilieren der gefiederten Sänger ist vorbei. Igel & Co sind bereits fleißig unterwegs auf Beutejagd, um Speck für den Winter anzusetzen. Den Schnecken und Käfern geht es nun an den Kragen. Auch die Wühlmaus ist leider wieder aktiv – sie beginnt mit dem Einlagern, und so manche saftige Karotte wird „von der Erde verschluckt".

Foto: fotolia.de/Marianne Mayer

Das Ende des Sommers und den Anfang des Herbstes bringen die Herbstanemonen.

Langsamer Abschied – die Gartenwende

Im Spätsommer kann die Witterung unterschiedlicher nicht sein. In milden Gegenden sind diese Tage oft noch ausgesprochen sommerlich, an raueren Orten kann es aber zu dieser Zeit schon Kälteeinbrüche geben. Daher ist das Spektrum der im Garten fälligen Arbeiten weit gestreut. Da und dort werden bereits Beete frei, andernorts ist das Wachstum aber noch ungebrochen.

Foto: fotolia.de/Dusan Kostic

Tomaten sind jetzt vollreif und müssen weiter gepflegt werden, um die Ernte bis in den Herbst hinein zu verlängern.

Im Ziergarten

- Bei großer Hitze niemals tagsüber, sondern in den frühen Morgen- oder Abendstunden gießen.
- Balkonblumen verlangen an heißen Tagen bis zu zwei Wassergaben täglich. Regelmäßiges Düngen hilft, den Blütenflor bis spät in den Herbst zu verlängern.
- Das Rosenbeet im Spätsommer nicht mehr düngen. Die Triebe sollen ausreifen, um frostfest in den Winter zu gehen. Verblühtes schneiden. Kletter- und Strauchrosen bleiben aber weitgehend verschont.
- Auch bei Kübelpflanzen, die überwintert werden, das Düngen einstellen, damit die Triebe abschließen.
- Im Staudenbeet alle hoch wachsenden Pflanzen wie Dahlien aufbinden. Verblühte Stauden ausschneiden und Mohn, Akeleien und Lupinen zurückschneiden.
- Der beanspruchte Rasen dankt eine letzte ausgiebige Pflege. Entfilzen (Vertikutieren) und Belüften sind das Geheimnis. Im Frühherbst wird dann gedüngt.
- Eiben lassen sich zu dieser Jahreszeit gut schneiden.
- Sommerschnitt am Blauregen: Jetzt Seitentriebe einkürzen.
- Lilien können aus Brutzwiebeln vermehrt werden.

Im Gemüse- und Obstgarten

- Aussäen von Spinat, Zwiebeln, Radieschen, Rettich, Radicchio, Feldsalat und Chinakohl ist noch möglich.
- Für Aussaaten nur die Morgenstunden nutzen. Niemals die auflaufende Saat austrocknen lassen.
- Abgeerntete Beete lockern, mit Kompost versorgen und Gründüngungspflanzen aussäen. Gelbsenf, Ölrettich (bei schweren Böden) und Bienenfreund keimen rasch und bleiben bis zum Frühjahr stehen.
- Pflanzen von Porree, Winterkopfsalat und Knoblauch.
- Tomaten weiterhin laufend ausgeizen und die untersten Blätter bzw. kranke Pflanzenteile entfernen. Kommt der große Regen, tritt an Tomaten Krautfäule auf. Befallene Pflanzenteile entfernen und den Stauden ein „Dach“ aus Folie bauen. Stäuben mit Urgesteinsmehl hält diese gefürchtete Krankheit etwas zurück.
- Wenn man die Sellerieknollen freilegt, wachsen sie besser. Die Wurzeln dürfen dabei nicht beschädigt werden.
- Karotten (Möhren), die von der Möhrenfliege befallen wurden, nicht auf den Kompost geben.
- Alle Kräuter, die sich zum Trocknen eignen, an sonnigen Tagen in den heißen Vormittagsstunden ernten.
- Jetzt ist die beste Pflanzzeit für Erdbeeren. Wer bestehende Pflanzungen noch nicht gedüngt und das alte Laub entfernt hat: Dafür ist es nun höchste Zeit.

Foto: fotolia.de/Kzenon

Im Spätsommer werden die Erdbeeren gepflanzt – nicht zu hoch und nicht zu tief.

- Ernte von Pfirsichen, Zwetschken, Pflaumen, frühen Birnen und Äpfeln. Nach der Ernte können alle Kernobstarten ausgelichtet werden.
- Wenn nicht schon geschehen, werden auch die Beerensträucher nach der Ernte geschnitten. Bei Johannisbeeren und Stachelbeeren werden zwei oder drei alte Triebe entfernt, damit sich der Strauch verjüngt.
- Besonders wuchskräftige Obstbäume kann man jetzt schneiden. Das bremst das Wachstum und fördert das Abheilen der Schnittwunden. Große Nussbäume können auch jetzt geschnitten werden. Ein Schnitt im Winter führt nämlich meist zum „Verbluten“, weil die Schnittstellen nicht abheilen.
- Lagerräume rechtzeitig herrichten und gründlich säubern. Obst und Gemüse möglichst nicht gemeinsam lagern.

Pflanzenschutz

- Abgefallene Rosenblätter, die mit Sternrußtau und Rosenrost (zwei lästige Pilzkrankheiten) infiziert sind, sollten unbedingt entfernt werden.
- Wiederholt alle Pflanzen auf Blattlausbefall kontrollieren und nützlingsschonend bekämpfen (z. B.: mit Schmierseifenwasser).
- Schnecken laufend absammeln.

Frühherbst
Schwarze Holunderbeeren reifen

Foto: fotolia.de/tbel

Aus den schwarzen, saftigen Früchten des Holunders lassen sich im Frühherbst allerlei Köstlichkeiten bereiten.

Auch wer keinen Holunder *(Sambucus nigra)* im Garten hat – man merkt es an den Hinterlassenschaften der Amseln auf Gartengarnitur und Terrassenboden. Dunkle Flecken sind es, die zeigen, dass der Frühherbst ins Land gezogen ist. Nun kann es schon die ersten zähen Nebelfelder am Morgen geben, die Nächte werden länger und kühler. Aber in der Sonne ist es tagsüber nach wie vor angenehm. Ja sogar gemütlicher als im Hochsommer.

Warmes Licht und der Duft von Ernte

Wer sich durch das Gartenjahr schnuppert, der wird den Frühherbst sofort erriechen, denn es duftet plötzlich ganz anders. In den Wäldern ist längst die Zeit zum Schwammerln-Sammeln gekommen, aber auch im Garten riecht alles ein wenig anders. War es regnerisch, beginnen Pflanzenteile bereits zu verrotten, da und dort fallen erste Blätter ab – vor allem in einem trockenen Herbst. Dann beginnen die Bäume Kraft zu sparen und Nährstoffe aus dem Laub abzubauen, wenn sie wegen des fehlenden Niederschlags keine aus dem Boden holen können.

Sitzen unterm Hollerbusch

Zwetschken werden reif und mit ihnen zur gleichen Zeit auch die wichtigste Zeigerpflanze des Frühherbstes – der Holler. Ihn sollte man aber nicht nur in der traditionellen Fruchtvariante im Garten kultivieren – die Sorte 'Haschberg' gilt nach wie vor als die beste. Auch die buntlaubigen Arten mit dunkelrotem, gelbem oder grün-weiß panaschiertem Laub liefern ein paar Früchte, vor allem aber sind sie ein Blickpunkt im Garten.

Jetzt kann man diese Sträucher im Topf meist besonders preisgünstig kaufen und sofort pflanzen.

Eines zeigt sich aber in diesen Tagen – die Farben werden kräftiger. Das Himmelsblau dunkler, die Wiesen saftiger und die Früchte an den Bäumen leuchten noch kräftiger. Viele Pflanzen starten in dieser Phase des Jahres noch einmal durch. Besonders wenn nun die Niederschläge wieder mehr werden. Das nützt der Gärtner aus, indem er gezielt düngl – den Rasen mit Herbstdünger, der verstärkt Kalium enthält und damit die Gräser winterfester macht. Auch so manches Gehölz kann durch eine solche Kalidüngung frostfester gemacht werden.

Foto: iStockphoto.com/standby

Rosskastanien fallen von den Bäumen und erfreuen Kinderherzen. Auch Hagebutten und Vogelbeeren sind reif geworden.

Jetzt den Frühling pflanzen!

Wenn die Holunderbeeren reif werden, beginnt die Zeit der Vorbereitung des neuen Gartenjahrs, denn jetzt ist die Pflanzzeit der Blumenzwiebeln, die im Frühjahr blühen sollen. Narzissen, Tulpen, Krokusse, Schneeglöckchen, aber auch mein geliebter Zierlauch kommen nun in die Erde. Vor allem Narzissen und alle Zierlaucharten bilden sofort Wurzeln und sind daher im kommenden Jahr noch viel kräftiger bei Blüte und Wachstum.

Im Ziergarten

- Zwiebeln von Tulpen, Narzissen und anderen Frühjahrsblühern kommen jetzt in die Erde. Wenn der Sommerflor besonders schön ist, warten Sie noch zu. Tulpen können bis in den November hinein gepflanzt werden.
- Umpflanzen von immergrünen Gehölzen, damit sie nach der Wurzelbildung noch ausreichend Wasser aufnehmen können.
- Dahlien sollten mit Vlies vor den ersten Frösten geschützt werden. Oft gibt es nach einem ersten Frost noch viele schöne Herbsttage. Blüten für die Vase abschneiden!
- Von Zeit zu Zeit das Laub vom Gartenteich abfischen oder Laubschutznetze spannen.
- Gegen Ende des Frühherbstes beginnt das Teilen von Stauden wie Astilben und Tränendem Herz.

Foto: fotolia.de/Kimsonal

Höchste Zeit für den Zwetschkenkuchen – dann schmecken Sie den Frühherbst!

Blumenzwiebeln unter Bäumen und Sträuchern lassen sich besonders schnell pflanzen – einfach ausstreuen und mit Erde abdecken.

- Herbstzeitlose pflanzen – und bis zum ersten Frost: Pflanzzeit für Pfingstrosen.
- Lücken im Rasen ausbessern und, wenn noch nicht geschehen, düngen.

Im Gemüse- und Obstgarten

- Beete nicht brachliegen lassen. Noch immer besteht die Möglichkeit, Gründüngungspflanzen auszusäen. Eine Gründüngung schützt und bringt dem Boden im Frühling Nährstoffe.
- Auch ein Mulchen der abgeernteten Flächen tut dem Boden gut. Gemulchte Flächen alle paar Tage auf Schneckeneier kontrollieren – so kann man die Belastung deutlich reduzieren.
- Empfindliche Fruchtgemüse in kalten (Vollmond-)Nächten mit einem Vlies schützen. In manchen Regionen beginnen schon jetzt die Einwinterungsarbeiten.
- Die Zeit für Aussaaten ist vorüber. Nur in warmen und sonnigen Jahren lassen sich noch Radieschen, Vogerlsalat (Feldsalat), Spinat oder Kresse aussäen.
- Bei Tomaten die obersten Blüten abzwicken, die Früchte reifen mit Sicherheit nicht mehr aus.
- Je nachdem, ob im nächsten Jahr stark zehrendes Gemüse angebaut wird oder nicht, könnte man schon jetzt auf den Beeten Kompost aufstreuen.
- Rhabarber und Schnittlauch können jetzt gepflanzt werden.
- Letztes Gemüse immer am Vormittag nach dem Abtrocknen des Morgentaus ernten.
- Apfelernte: Wenn sich der Apfel mit einem Dreh vom Trieb löst, ist der richtige Zeitpunkt. Äpfel mit Druckstellen essen Sie lieber rasch oder verarbeiten Sie, denn bei der Lagerung halten nur die unbeschädigten Exemplare. Fallobst trotzdem auflesen, da sonst Krankheiten (z.B. Monilia) verbreitet werden.
- Holunderbeeren eignen sich zur Verarbeitung, wenn sie richtig ausgereift sind. Bei der Sorte 'Haschberg' reifen übrigens alle Beeren gleichzeitig.
- Haselnüsse kann man ernten, wenn sie sich aus den Fruchthüllen lösen lassen. Pflanzen von Haselnuss- und Beerensträuchern.
- Brombeeren sollten jetzt geschnitten werden.

Im Zimmer, auf Balkon und Terrasse

- Am Balkon die mehrjährigen Balkonblumen nicht mehr düngen, sie sollen nicht mit zu viel „Schwung" ins Winterquartier.
- Empfindliche Kübelpflanzen räumt man lieber früher als zu spät ins Winterquartier.
- Zimmerpflanzen, die auf „Sommerfrische" im Garten waren, nun wieder einräumen. Auf Schädlinge achten.

Pflanzenschutz

- Im Frühherbst legt die gefürchtete und oft gehasste große Braune Wegschnecke ihre Eier. Sie ist eine der ersten, und wenn die Witterung passt, schlüpfen noch im Spätherbst die jungen Schnecken. Schnecken legen ihre Gelege in Erdlöcher und Ritzen, unter morsches Holz und Laubdecken.
- Halten Sie Ihren Gartenboden locker bzw. trachten Sie danach, schweren Boden zu lockern, um solche Ablagestellen zu verhindern. Bodenbearbeitung ist also eine wichtige Maßnahme, um Schnecken zu vermindern. Sammeln Sie so viele Schnecken wie möglich vor der Eiablage ab, zerstören Sie sichtbare Eigelege.

Vollherbst
Eicheln und Rosskastanien

Foto: fotolia.de/vberla

Foto: iStockphoto.com/Igor_S

Im Vollherbst werden die Eicheln reif und die Lärche färbt sich gelb.

Alles geht nun ein wenig langsamer und ruhiger – der Vollherbst hat begonnen. Noch sind nur vereinzelt die Blätter gefärbt, aber Rosskastanien und Eicheln sind schon reif, – die Zeigerpflanzen für diese Jahreszeit. Im Ziergarten werden die Rasenflächen nach dem trockenen Sommer nun wieder saftig grün und die mehrmals blühenden Rosen schmücken sich mit Blüten, als ob es kein Morgen gäbe. Der Vollherbst ist eine der phänologischen Jahreszeiten des Zuendegehens, aber auch der Vorfreude auf einen Neubeginn.

Kastanienzeit – der Herbst ist voll da

Kein Spaziergang von Familien mit Kindern erfolgt ohne Korb; jetzt wird in Parks und Natur gesammelt, denn – und daran erinnern sich wohl alle – der Vollherbst ist die Zeit, in der überall die kleinen Figuren aus Zahnstochern und den Früchten der Kastanien und Eicheln gebastelt werden. Diese vorletzte Jahreszeit im Gartenjahreslauf bringt noch einmal herrliche Sonnentage, oft sogar wochenlange trockene Perioden. Einzig die Nebelfelder werden immer dichter und beständiger.

Foto: iStockphoto.com/MKucova

Wer hat nicht als Kind Tiere und Männchen aus Eicheln und Kastanien gebastelt?

Letzte Blüten vor Frost schützen

Gerade diese Witterung fördert aber das Ausreifen der Gehölze: Nach einem regenreichen Sommer muss nun das Wachstum gebremst werden, denn die Fröste können gegen Ende des Vollherbstes buchstäblich über Nacht hereinbrechen. So schön auch die Dahlien blühen, einmal Minusgrade und alles ist vorbei. Daher wiederholt sich nun die Vorsorge des Gärtners vom Frühling: Das Vlies liegt bereit, denn oft kommen nach nur einer Frostnacht wieder viele sonnige und milde Tage. Hat man die Dahlien geschützt, gibt es noch wochenlang farbenfrohe Blüten.

Gefüllte Vorratskammer

Die Tiere im Garten sind emsig. Was schon im Frühherbst begonnen hat, das wird nun zur scheinbar einzigen Beschäftigung: Vorräte anlegen. Ob das Eichkätzchen, das die Nüsse vom Nussbaum vergräbt, oder der Igel, der sich noch immer schnüffelnd durch den Garten bewegt, um Schneckeneier und kleine Schnecken zu suchen. Die Singvögel sind weitgehend verstummt, sie warten aber bereits auf die herbstliche Festtafel: auf die Hagebutten bei den Wild- und Rambler-Rosen. Sind die roten, orangefarbenen oder gelben Früchte einmal gefroren, werden sie zur Köstlichkeit. Nicht nur für unsere gefiederten Freunde!

Bis der Frost sie erwischt, bescheren uns Dahlien noch eine herbstliche Farbenpracht.

Nicht alles wird abgeschnitten

Abschneiden und kompostieren – das ist jetzt die Hauptaufgabe des Gärtners. Aber halt! Nicht den radikalen Herbstputz starten, denn einerseits sind viele Samenstände von Pflanzen eine bequeme und natürliche Nahrungsquelle für unsere Nützlinge, andererseits sind gerade diese vertrockneten Pflanzenreste auch ein Schmuck im Garten, wenn sie von Raureif oder ersten Schneeflocken überzogen werden.

Im Ziergarten

- Nach wie vor können die Frühlingsblumenzwiebeln gepflanzt werden. Großflächig setzen, dann ist die Wirkung am größten.
- Einjährige Sommerblumen (nur zum Teil) abräumen und auf den Kompost bringen. Sonnenblumen sollten zum Beispiel stehen bleiben.
- Lassen Sie die Gräser stehen – sie sehen im Winter besonders schön aus. Außerdem könnten sie ansonsten durch Wasser, das sich in den abgeschnittenen Gräserschäften sammelt, auffrieren.
- Die Pflanzzeit beginnt erst nach dem Laubfall – jetzt sollte man aber die Planung für Neuanlagen vornehmen.
- Chrysanthemen und Dahlien mit Vlies schützen und so über den ersten Frost retten.
- Dahlien erst nach Minusnächten abräumen, Knollen im Schatten abtrocknen lassen und dann in Holzspäne oder groben Sand gehüllt einwintern. Auch Gladiolen, Blumenrohr *(Canna)* und Knollen-Begonien sollten jetzt ins Haus gebracht werden. Vergessen Sie nicht die Beschriftung!

- Der Rasen wird ein letztes Mal gemäht.
- Halb reifen Kompost auf Beeten und Baumscheiben verteilen.
- Nicht winterharte Wasserpflanzen, die nicht in mindestens 80 cm Tiefe stehen, kommen in den Keller.
- Unter Bäumen und Sträuchern bietet liegen gebliebenes Laub guten Winterschutz und dient als Mulchschicht. Es ist auch Unterschlupf für viele nützliche Insekten wie Laufkäfer.
- Entleeren Sie rechtzeitig alle Wasserleitungen und Wasserbecken. Auch Gartenschläuche dürfen nicht „frieren“ – sie würden spröde und brüchig werden.

Im Gemüse- und Obstgarten

- Wenig genutzte Böden für das nächste Jahr vorbereiten. Umstechen und die groben Schollen liegen lassen, um im Frühjahr mithilfe der Winterfröste feinkrümelige Erde zu erhalten.
- Gründüngungspflanzen auf den Beeten stehen lassen, da deren Wurzeln die Bodenstruktur verbessern und bei Leguminosen (Hülsenfrüchten) der Stickstoff im Boden den Pflanzen im Frühjahr zu einem guten Start verhilft.
- Wenn noch nicht geschehen, jetzt auf jenen Flächen, die im nächsten Jahr mit stark zehrendem Gemüse bepflanzt werden, Kompost und Mist ausstreuen. Der Kompost kann durchaus in halbreifem Stadium sein.
- Vogerl- oder Feldsalat mit Vlies abdecken.
- Wintersteckzwiebeln können noch gepflanzt werden.
- Ernten von Chinakohl, Zucchini, Karotten, Rettich, Endivien, Kohlarten und Fenchel.
- Rhabarber teilen und wieder auspflanzen. Eine Faustregel besagt, dass alte Stöcke nach acht Jahren geteilt werden sollten.
- Empfindliche, noch nicht erntereife Gemüse gegen Kälte schützen. Kohl, Karfiol, Lauch und Magold hingegen trotzen dem Frost.
- Wurzelgemüse kann noch eine Zeit lang im Boden bleiben.
- Ernten von Äpfeln, Birnen, Nüssen und Herbsthimbeeren. Gut einlagern und einkochen.
- Angefaultes Obst aufsammeln, aber nicht auf den Kompost geben.
- Pflanzen von Beerensträuchern. Brombeeren schneiden. Geschnittenes in den Sträuchern als Frostschutz belassen.

Im Zimmer, auf Balkon und Terrasse

- Kübelpflanzen unterstellen und nur die empfindlicheren einräumen. Oleander & Co länger im Freien belassen, da so die Triebe besser abschließen und fester in den Winter gehen. An besonders kritischen Tagen mit Vlies schützen.
- Amaryllis nicht mehr gießen und die Kakteen rechtzeitig einräumen.

Baumstämme mit weißem Anstrich versehen. Das schützt vor Frostschäden an der Rinde.

Pflanzenschutz

- Im Vollherbst sollte man, gegen den Frostspanner Leimringe an den Obstbäumen anzubringen.
- Baumstämme abkratzen und mit Baumanstrich versehen, damit die Sonne die Rinde nicht erwärmt und Frostrisse verursacht. Außerdem werden Schädlinge vernichtet. Ein südseitig angelehntes Brett schützt auch vor Sonneneinstrahlung.

Spätherbst
Abschied mit bunten Blättern

Jetzt beginnt das große Recycling – der Laubfall läutet den Spätherbst ein. Im phänologischen Kalender sind es die Stieleichen, auf die der Naturgärtner schaut. Färben sich deren Blätter, dann hat der Spätherbst begonnen. Freilich: Nicht nur die Stieleichen färben nun die Blätter – ein buntes Feuerwerk an Farben erreicht seinen Höhepunkt. Ein Abschiednehmen mit vollem Programm – da kommt keine Trauer auf, im Gegenteil, schon jetzt wächst wieder die Freude über den Neubeginn in wenigen Monaten.

Foto: fotolia.de/Andreas F.

Wenn der Herbst Abschied nimmt, bieten uns alle Laubgehölze noch ein farbenprächtiges Naturschauspiel.

Foto: fotolia.de/mahey

Blätter sind ein wertvoller Rohstoff und dürfen auf Beeten und unter Sträuchern liegen bleiben.

Spätherbst ist Pflanzzeit

Jetzt ist auch die Zeit, in der seit Jahrhunderten gepflanzt wurde: Bäume, Sträucher, Rosen – alles kommt jetzt in die Erde und wird im nächsten Jahr mit einem deutlichen Vorsprung ins Gartenjahr starten. Wer sie noch irgendwo bekommt – die wurzelnackten Rosen: Sie sind die billigsten, aber leider von denen im Topf (und deutlich teureren Pflanzen) verdrängt worden. Im Versandhandel gibt es sie aus Gewichtsgründen meist aber noch.

Schöne, trockene Tage sollte man immer fürs Garteln nutzen – sie bringen einen Vorsprung fürs kommende Gartenjahr. Denn wer jetzt Kompost verteilt, Beetkanten zieht oder auch nach dem Laubfall bereits dünn Mulch ausbreitet, der wird im kommenden Jahr viel geruhsamer starten können.

Kurze Tage – mit Nebel und Sonne

Man glaubt es ja nicht: Am Morgen nasse, trübe, neblige Stimmung – und kaum kommt die Sonne, hüllt sich der Garten noch einmal in kräftige orange-rote Farbtöne. Ein letzter Kaffee auf der Terrasse, ehe auch diese Garnitur weggeräumt wird. Die Spätherbsttage sind der Treibstoff für den Traumtank, mit dem man lange kalte Wintertage übersteht. Im Garten ist nun das Ende gekommen – alles Laub fällt zu Boden. Blätter sind aber kein „Abfall", sondern der wertvollste Rohstoff, den die Natur uns zu bieten hat. Daher gilt es, das wertvolle Laub im Garten zu nutzen. Unter Hecken und Wildsträuchern bleibt es liegen, auf den Staudenbeeten und im Gemüsegarten wird es dünn verteilt. Nur von den Wegen und Rasenflächen kommt es direkt auf den Kompost. Entweder gemischt mit anderen Abfällen oder als eigener Laubkomposthaufen, der dann nach zwei bis drei Jahren besonders gute Erde wird, die als Torfersatz dient.

Laub ist das Gold des Biogärtners

Laub, Laub, nichts als Laub – in den Parks und Gärten ist nun für viele der letzte Großputz im Garten angesagt. Zum Teil ist er auch nötig, zum Teil aber völlig überflüssig. Dass Rasen und Wege vom Laub befreit werden müssen, ist klar – entweder besteht große Rutschgefahr oder der Rasen verfault darunter. Die beste Methode, Laub zu entfernen, ist übrigens der Rasenmäher: Laub auf die Rasenfläche streuen und drübermähen. Im Grasfangsack hat man dann gehäckseltes Laub, das sich gut zum Abdecken der Beete eignet.

Foto: fotolia.de/Magrattabat

Es leuchtet golden und ist tatsächlich ein Schatz: Laub ist das Gold des Biogärtners.

Im Ziergarten

- Solange der Boden offen bleibt, kann noch gepflanzt werden.
- Damit der Frühling nicht ohne Blüten beginnt, stecken Sie noch schnell die Zwiebeln von Narzissen, Tulpen, Krokussen und Schneeglöckchen in die Erde.
- Wurzelnackte Rosen sollten jetzt gepflanzt werden, alle Rosen anhäufeln und mit Reisig abdecken. Hochstammrosen werden herabgebogen und mit Erde bedeckt.
- Immergrüne Pflanzen und Rhododendren besonders gut wässern.
- Schneiden der Ziergehölze möglich, außer frühjahrsblühende Sträucher wie Forsythie oder Flieder.
- Hohe Gräser und auch Säulenkoniferen sollten Sie zusammenbinden, damit sie durch Schneelast keinen Schaden nehmen.

Foto: PdM.

Stechpalmen tragen noch in der kalten Jahreszeit auffallende Früchte, ihre Blätter sind auch im Winter grün.

Im Gemüse- und Obstgarten

- Umgraben, muss das sein? Nein, wenn der Boden humusreich ist, also schon beim Wenden im Herbst krümelig bleibt. Sind die Erdschollen aber „speckig“, dann grobschollig umstechen. In schneckenreichen Gärten möglichst nach dem ersten Frost, denn wer erst dann umgräbt, der macht es richtig – zu dieser Zeit besteht keine Gefahr mehr, dass Schnecken ihre Eier in die Erdritzen legen.
- Ernten von Kohl, Karfiol, Endivien, Feldsalat und Winterlauch.
- Wurzelgemüse kann in feuchtem Sand eingeschlagen werden.
- Kräuter, die frostempfindlich sind, entweder ins Haus räumen oder mit Reisig abdecken
- Obstbäume pflanzen. Gegen Wühlmäuse vorzubeugen ist jetzt besonders wichtig. In gefährdeten Gärten Bäume nur in großen Gitterkörben pflanzen, Baumscheiben nicht dick mulchen.
- Beerensträucher können leicht durch Absenker vermehrt werden.
- Krebs an Obstbäumen ausschneiden und Wunden verschließen.

Setzen der Rose **Anhäufeln**

Wurzeln anschneiden, vertrocknete Äste abschneiden, Veredlung unter die Erde. Gut anhäufeln und mit Reisig abdecken.

Im Zimmer, auf Balkon und Terrasse

- Alle Kübelpflanzen werden eingeräumt. Achtung auf verschiedene Ansprüche!
- Im Winterquartier Balkonblumen und Kübelpflanzen ganz genau auf Schädlinge überprüfen.
- Winterbepflanzung am Balkon mit Chrysanthemen, Erika, Gräsern, kleinen Gehölzen, Koniferen.
- Äpfel nicht neben Kartoffeln lagern.

Pflanzenschutz

Nach Beendigung des Laubfalls können Sie bei vielen Obstarten vorbeugend mit Kupfer spritzen – zum Beispiel gegen die Kräuselkrankheit des Pfirsichs, gegen Monilia bei Kern- und Steinobst sowie bei Ziersträuchern. Kupfer ist ein biologisches Spritzmittel und wird von den Pflanzen in geringen Mengen sogar benötigt. Mit der Spritzlösung werden vorwiegend die Kronen der Bäume aber auch das darunterliegende Erdreich oder die Wiese gespritzt.

Winter
Ruhe- und Planungszeit

Nun ist die Natur und mit ihr auch der Garten in einer Ruhephase. Der Apfelbaum zeigt sich laublos – und ist die Zeigerpflanze im phänologischen Kalender für den Winter. Allerdings ist es genau mit diesem Baum oft gar nicht so klar. Kommt nämlich ein erster kräftiger, länger anhaltender Frost sehr früh, dann „friert" das Laub an den Ästen fest und wird erst im Frühjahr abgeworfen. Dennoch zeigt sich deutlich, wann der Winter einkehrt – durch längere Frostperioden und letztlich in vielen Teilen des Landes durch Schnee, den wohl besten Schutz für den Boden.

Foto: fotolia.de/Reena

Im Winter verzaubern Eis und Schnee den Garten. Die letzten Früchte dienen als Nahrung für Vögel.

Ausruhen, planen und Ideen sammeln

Wenn es heißt, der Garten ist in einer Ruhephase, so stimmt das nur bedingt, denn beispielsweise sind bei mir schon die ersten Blüten des Winterjasmins an milden Tagen zu finden. Auch der Duftschneeball öffnet da und dort schon seine Blüten, und wenn es ein ganz milder Frühwinter ist, dann verströmt sogar die Duftheckenkirsche ihren betörenden Duft.

Von Maulwurf und Wühlmaus

Das Tierleben ist um diese Zeit zweigeteilt: Unter der Erde spielt es sich oft im Verborgenen ab, denn da sind Maulwurf und Wühlmaus aktiv. Der Maulwurf, ein Nützling, geht auf Beutezüge – vor allem vor und während einer milden Periode. Die großen Erdhügel im Rasen sind dann das sichtbare Zeichen dafür. Die Wühlmaus bleibt eher im Verborgenen, macht nur ganz flache Erhebungen, frisst dafür oft radikal die gepflanzten Tulpen und Krokusse. Narzissen lässt sie Gott sei Dank in Ruhe.

Jedes Ende auch ein Anfang

Wenn die Apfelbäume ihr letztes Laub verloren haben, wird es so richtig gemütlich im Haus. Jetzt heißt es Bilanz ziehen, Bücher und Zeitschriften lesen und sich schon auf das kommende Gartenjahr freuen. Lange wird es nicht dauern und die Gartenkataloge flattern ins Haus. Nun kann man planen und überlegen, wie man die eine oder andere Stelle besser oder einfach anders bepflanzt.

Wichtig im Winter

- Wenn noch nicht geschehen, alle Wasserleitungen, Becken und sonstige Wasservorratsbehälter entleeren.
- Mit der Vogelfütterung beginnen, denn Vögel sind Nützlinge und helfen in der nächsten Gartensaison im Kampf gegen Schädlinge.

Im Ziergarten

- Ist der Boden offen, können noch laublose Gehölze gepflanzt werden.
- Bei Kahlfrost, also Minustemperaturen ohne Schnee, schützen Sie Stiefmütterchen, Goldlack oder Vergissmeinnicht mit Tannenzweigen.
- Verkahlte Hecken stark zurückschneiden und so den Austrieb im Frühjahr anregen.
- Bei schwerem Schnee Gehölze abschütteln, damit sie keine Bruchschäden erleiden.

Im Gemüse- und Obstgarten

- Ernten aller verbliebenen Gemüse. Wurzelgemüse unbedingt an frostfreien Tagen abernten.
- Den Gemüsegarten für das kommende Jahr planen. Fruchtfolgen bedenken.
- Schädlingsbefallsstellen und Krebs können noch ausgeschnitten und behandelt werden.
- Wenn noch nicht geschehen, Abbürsten der Rinde und Schutzanstrich gegen Frostrisse durchführen.

Im Zimmer, auf Balkon und Terrasse

- Geben Sie den Zimmerpflanzen den hellsten Platz, bei trockener Zimmerluft Blätter mit reinem Wasser aus einer Sprühflasche benetzen. Einleiten der Ruhezeit bei Zimmer- und Kübelpflanzen (weniger Gießen, kühlere Temperaturen).
- Am Barbaratag Kirschzweige schneiden, sie sollten am Heiligen Abend blühen. Auch Forsythien und Kornelkirschen lassen sich vortreiben.
- Adventskränze und -gestecke rechtzeitig vorbereiten.
- Lagerobst und -gemüse regelmäßig kontrollieren.

Bei Schnee und klirrendem Frost sind die Vögel für Futter dankbar.

Hier gibt's Infos, Pflanzen und Saatgut!

Meine Homepage

www.biogaertner.at
Seit vielen Jahren im Netz und gut besucht – pro Jahr kommen mehr als 300 000 Besucher! Einen Rundgang durch den Garten finden Sie hier ebenso wie aktuelle Tipps und einen Fragebriefkasten – wobei ich aber um ein wenig Geduld bei der Antwort bitte, denn manchmal sind es einige Hundert Fragen pro Monat!

Garten im Fernsehen

ORF-Gartensendung „Natur im Garten" – in der Gartensaison immer Sonntagnachmittags, ORF 2 und zu unterschiedlichen Zeiten auf 3sat und in ORF III
www.naturimgarten.at

Meine ganz persönlichen Bezugsquellen

Staudengärtnerei und Baumschule Praskac
www.praskac.at
Eine der bestsortierten Gärtnereien Österreichs: ob Bäume, Sträucher oder Stauden – hier findet man alles.

Staudengärtnerei Dieter Gaissmayer
www.gaissmayer.de
Hier wird der Staudeneinkauf zum Erlebnis. Nehmen Sie sich Zeit, wenn Sie dorthin fahren. Besonders empfehlenswert ist die Veranstaltung „Illertisser Gartenlust".

Staudengärtnerei Feldweber
www.feldweber.com
Der Rundgang wird zu einem botanischen Spaziergang.
Am besten mit „Sarastro" verbinden (ganz in der Nähe).

Stauden Sarastro
www.sarastro-stauden.com
Wer einmal erlebt hat, mit welcher Freude Christian Kreß dem Gärtnern frönt, der wird immer wieder hierherkommen.
Unbedingt mit einem Besuch bei „Feldweber" verbinden (ganz in der Nähe).

Rosenhof Schultheis
www.rosenhof-schultheis.de
Hier erhält man alles, was das Rosenherz begehrt! Dazu ein Firmenchef, der an Liebenswürdigkeit kaum zu übertreffen ist.

Raritätengärtnerei Treml
www.pflanzentreml.de
Salbei oder Rosmarin, afrikanische Kräuter oder Jasmin – ein riesiges Sortiment!

Staudengärtnerei Alpine Raritäten Jürgen Peters
www.alpine-peters.de
Ob ein Leberblümchen für einige Tausend Euro (!) oder Veilchen ... auch hier gilt: Vorbeischauen ist ein Muss!

Für Zitrus-Liebhaber
www.zitrusgarten.com
Michael Ceron betreibt in Faak am See in Kärnten die einzige Bio-Zitrusgärtnerei Europas und bietet eine unglaublich große Auswahl an.

Duftpelargonien Stegmeier
www.gaertnerei-stegmeier.de
Wenn schon, denn schon – Duftpelargonien üben eine ungeheure Faszination aus. Kaum vorstellbar für einen Sammler, dass diese Gärtnerei gleich einige Tausend davon kultiviert.

Für Liebhaber britischer Pflanzenkultur
www.ashwood-nurseries.co.uk
Die großartigste Gärtnerei, die es gibt – Treffpunkt der Pflanzenliebhaber.

Für Blumenwiesenfreunde
www.wildblumensaatgut.at
Die sicherlich beste Adresse, um das passende Saatgut für eine Blumenwiese (egal ob für sonnige, schattige, feuchte oder trockene Standorte) zu bekommen.

Erste Hilfe beim Pflanzenschutz

www.biohelp.at
Nicht nur eine ideale Seite zum Bestimmen der Schädlinge, sondern auch gleich die Möglichkeit, Nützlinge zu bestellen.

www.neudorff.de
Einer der ersten Pflanzenschutzmittelhersteller, der schon vor Jahren auf „bio" setzte. Neben sanften Spritzmitteln auch Nützlingsversand – allerdings nur über den Fachhandel.

www.oscorna.de
Biologische Düngemittel sind in dieser Firma seit mehr als 70 Jahren das Hauptgeschäft – „animalin" ist noch immer der problemloseste Naturdünger, den es gibt.

www.florissa.at
Ein Newcomer unter den Dünge- und Pflanzenschutzherstellern – viele und biologische Dünger und Erden.

www.scotts.at
Nicht alles auf dieser Seite ist „bio", aber immer mehr setzen Scotts und Celaflor auf naturgemäßes Garteln. Viele Bilder von Schädlingen.

Zeitschriften

Garten+Haus
www.garten-haus.at
Die bekannteste österreichische Gartenillustrierte.

Gartenpraxis
www.gartenpraxis.de
Die beste deutschsprachige Gartenzeitung.

Biogartenzeitschrift **„kraut & rüben"**
www.krautundrueben.de
Die bekannteste Biogartenzeitschrift.

Gartenzeitschrift
„Mein schöner Garten"
www.mein-schoener-garten.de
Die größte Gartenzeitung.

Grüner Anzeiger
www.grueneranzeiger.de
Eine Zeitung für echte Freaks: Kleinanzeigen von und für Pflanzenliebhaber.

Natürlich Gärtnern
www.olv-verlag.de
Viele Hintergrundberichte zum Thema biologisch Gärtnern.

Gardens illustrated
www.gardensillustrated.com
Für alle, die englische Gartenkunst er„lesen" wollen.

The English Garden
www.theenglishgarden.co.uk
Noch eine Pflichtlektüre für alle Fans der britischen Gartenkultur.

Willkommen im größten Surf-Garten

Die umfangreichste und beste Linksammlung zum Thema Garten: Hier sind unzählige Hinweise zu Literatur und Pflanzen zu finden.
www.gartenlinksammlung.de

Index

Impressum

avBUCH im Cadmos Verlag

Layout und Cover: Ravenstein+Partner, Verden
Satz: Hantsch & Jesch PrePress Services OG, Wien
Illustrationen: Peter Bürger
Coverfoto: Gerhard Wimmer
Redaktion: Veronika Schubert & Elke Papouschek, Wien, www.verlagsbuero-garten.at

Druck: Westermann Druck, Zwickau

Deutsche Nationalbibliothek – CIP-Einheitsaufnahme
Die Deutsche Nationalbibliothek verzeichnet diese Publikation in der Deutschen Nationalbibliografie; detaillierte bibliografische Daten sind im Internet über http://dnb.ddb.de abrufbar.

Printed in Germany

ISBN: 978-3-8404-7505-4

Foto: fotolia.de/victoria p.